»Herr Roentgen aber, Herr der Fabrike, verkauft und sucht neue Kundschaft, zu welchen beyden Geschäften er vor viel hundert sonst geschickten Männern besonders Geschicklichkeit hat, und überhaupt das Zeugniß ihm gegeben werden muß, dass er ein kluger Kopf, ein Mann von Geist und Welt ist.«
Auszug eines Schreibens aus Neuwied, November 1785

BAVARIA

Michael Stürmer

Luxus, Leistung und die Liebe zu Gott

David Roentgen
Kgl. Kabinettmacher
1743–1807

Umschlagbild: Detail aus dem Schreibschrank für den Brüsseler Hof, 1776 (vgl. S.45).

Innentitel: Stuhl von David Roentgen, mit zahlreichen anderen Möbeln 1771 für Fürst Franz von Dessau nach Schloß Wörlitz geliefert (vgl. S.38).

Vignette auf Seite 5: Petschaft David Roentgens.

ISBN 3-930184-00-1

Inhalt

Ein Mann von Widersprüchen

Wer einen künstlichen Schreibtisch von Röntgen gesehen hat, wo mit einem Zug viele Federn und Ressorts in Bewegung kommen, Pult und Schreibzeug, Brief und Geldfächer sich auf einmal oder kurz nacheinander entwickeln, der wird sich eine Vorstellung machen können, wie sich jener Palast entfaltete, in welchen mich meine süße Begleiterin nunmehr hineinzog. Alles war geräumig, köstlich und geschmackvoll.« So beschrieb in Goethes Märchen von der »Neuen Melusine« der in einen Winzling verwandelte täppische Liebhaber seinen Zuhörern den zaubrischen Palast, in den er versetzt worden war. Goethe, der dies im Todesjahr (1807) David Roentgens schrieb, hatte Glanz und Niedergang des Neuwieder Unternehmens erlebt.

Wer aber war David Roentgen? Ein europäischer Entrepreneur im Übergang vom alten Handwerk zur modernen Industrie; ein Klassizist in der höfischen Welt von Goethe und Erdmannsdorff, von Friedrich August Tischbein und Friedrich Hackert; zuerst und zuletzt aber war er ein Frommer, der mit Werken und Worten zeitlebens um die Gnade Gottes rang. Sein Leben war von den Spannungen seiner Epoche bestimmt: zwischen der untergehenden höfischen und der aufsteigenden industriellen Welt; zwischen dem Idealismus der Aufklärung und der Innerlichkeit der herrnhutischen Brüdergemeine; und endlich war er eine Gestalt, die Inbegriff war für die Verwandtschaft der »Ethik des Protestantismus« mit dem »Geist des Kapitalismus« (Max Weber).

Es fügt sich, daß kaum ein bürgerlicher Unternehmer jener Epoche aus zeitgenössischen Quellen – Berichten der herrnhutischen Brüdergemeine, Akten und Rechnungen, eigenhändigen Briefen und Berichten Dritter – so gut zu identifizieren ist wie David Roentgen. Geboren 1743 im hessischen Herrnhaag, unweit Büdingen, übernahm er mit

Portrait David Roentgen, Ölgemälde um 1780.

25 Jahren die Möbelmanufaktur seines frommen Vaters. David Roentgen öffnete neue, unorthodoxe Finanzquellen und machte die Werkstatt zur größten und leistungsfähigsten Möbelmanufaktur des Alten Reiches, mit einem Aktionsradius bis Brüssel, Paris, Berlin und St. Petersburg. Er vervollkommnete Technik und Modellreichtum seines Neuwieder Unternehmens, belieferte die Höfe Europas, setzte an die dreihundert Menschen ins Brot, erreichte einen Umsatz wie die Meißener Porzellanmanufaktur und prägte die Kunst des Möbels in Stil und Technik noch auf mehrere Generationen.

Alle wissenschaftliche Kenntnis zu diesem Thema steht in der Schuld von Hans Huth, der 1928 die grundlegende Studie über »Abraham und David Roentgen und ihre Neuwieder Möbelwerkstatt« veröffentlichte, worin er den ersten Überblick der Möbel verband mit archivalischen Forschungen. Er legte viel Gewicht auf Handwerk und Stilentwicklung, wenig auf Unternehmertum und die religiöse Grundmotivation. Ähnlich steht es noch mit der letzten großen, fast einen Oeuvre-Katalog darstellenden Studie von Josef Maria Greber, die zwar die Dokumentation der Möbel entscheidend erweiterte, aber in Roentgen nur den tüchtigen Handwerker sah, nicht den genialen Unternehmer und nicht den ums Seelenheil ringenden ausgestoßenen Bruder. Wichtig zu erwähnen, daß es seit 1976 im Germanischen Nationalmuseum unter Leitung von Thomas Brachert unternommen wurde, die technisch-wissenschaftliche Analyse der Möbel mit der Konservierung zu verbinden, um daraus nicht nur Erkenntnisse zur Technik abzuleiten, sondern auch betriebswirtschaftliche Zusammenhänge, Arbeitsteilung, Innovation und ständige Rationalisierung zu klären.

Vor 250 Jahren wurde David Roentgen geboren. Dies ist Anlaß, sich eines Mannes zu erinnern, der noch in der Handwerker- und Frömmigkeitstradition seiner Zeit wurzelte, aber mit seinem Werk und künstlerischem, technischem und wirtschaftlichen Wirken weit darüber hinauswuchs und eigentlich doch nichts anderes wollte, als mit Gott und den Frommen versöhnt zu sein. Unternehmerisches Genie, handwerkliche Tüchtigkeit und religiöse Inbrunst aber fügten sich selten zu größerer Wirkung als in Leben und Werk David Roentgens.

Zwischen den Fürsten und den Frommen: Die Manufaktur Abraham Roentgens

Die Roentgen-Manufaktur in Neuwied galt bereits den Zeitgenossen als Legende. Lavater und Goethe sahen sie 1774 mit der gleichen Neugier, die viele weniger berühmte Reisende vor und nach ihnen in die Rechteckstadt am Mittelrhein trieb. Goethe ließ sich dazu anregen, im fortgeschrittenen Stil der Manufaktur für Frau von Stein auf Schloß Kochberg ein »bureau à cylindre«, wie man derlei neumodisches Mobiliar damals nannte, zu zeichnen und in Weimar fertigen zu lassen: »... vom ersten Entwurf an meine Sorge, meine Puppe, meine Unterhaltung« (30. November 1779 an Frau von Stein). Als es in der Französischen Revolution mit der Manufaktur bergab ging, hat Goethe, aufgeklärter Verwaltungsmann, sich bemüht, für den Neubau des Schlosses in Weimar eine »Haupt-Tischlerwerkstatt« zu gründen, die mit Kapital David Roentgens und nach dem Neuwieder Vorbild »fabrikenmäßig« arbeiten sollte; daraus entstand die Werkstatt des Roentgen-Schülers Johann Wilhelm Kronrath, die nach 1800 Beachtliches leistete.

»Neuwieder Arbeith« hießen die Produkte des Hauses Roentgen weit und breit: »de l'ouvrage de Neuvitte« nannte der Statthalter der österreichischen Niederlande, Herzog Carl von Lothringen, zwei klassizistische Sekretäre, die er 1775 gekauft hatte. Neben dem großen, längst amtlich »Fabrique« genannten Unternehmen gab es innerhalb der örtlichen »Löblichen Hammer-Zunft« nur wenige Tischlerunternehmen kleinen und kleinsten Zuschnitts, des weiteren noch die außerzünftige »Schreiner-Stube« der herrnhutischen Brüdergemeine, die mit Roentgen jahrzehntelang in engen, durch Rechnungen belegten Geschäftsbeziehungen stand. »Neuwieder Arbeith« war nur ein anderes Wort für die Erzeugnisse der Roentgen-Manufaktur. Alles übrige, was in Neuwied an Kunstschreinerei zu finden war, blieb belanglos oder diente bis 1790/92 dem Roentgenschen Großunterneh-

men als Zulieferbetrieb. Tatsächlich nahm sich neben dem Hause Roentgen mit seinen weiten Gebäuden, seinem gewaltigen Umsatz und seiner hohen Beschäftigungszahl in den 1770er und 1780er Jahren jeder andere Betrieb dieses Gewerbes im Alten Reich bescheiden aus. Allein in Paris und London fanden sich Unternehmen gleicher Größenordnung und eines ähnlichen Modus operandi.

In ihrer Blütezeit von 1773 bis 1789 hatte die Roentgen-Manufaktur für das Dekorum der höfischen Gesellschaft in Mittel-, West- und Osteuropa eine marktbeherrschende Stellung. Das bedeutet, daß sie den höchsten Leistungsstandard setzte, der auch der höchste Preisstandard war. In Stil, Technik, Organisation und Fertigung nahm die Manufaktur englische, niederländische, französische und deutsche Elemente auf und brachte sie schöpferisch zu einer Synthese, die seitdem stets als Maßstab der Vollkommenheit galt und gilt: Immer waren Roentgen-Möbel hochgeschätzt und hochbezahlt; an Nachahmungen, Fälschungen und Verfälschungen hat es deshalb nie gefehlt; auch nicht an dem Wunschdenken, welches viele wackere Möbel aus der zweiten Hälfte des 18. Jahrhunderts in »Roentgen-Möbel« zu verwandeln sucht.

In der Tat hat die Manufaktur seit den 1770er Jahren der Kunstschreinerei im übrigen Deutschland, in Paris, in St. Petersburg, selbst in Skandinavien zunehmend Stil und Maßstab aufgeprägt. Der beherrschende Einfluß der Neuwieder Arbeit läßt sich in Mainzer

»Bureau à cylindre« oder Rollbüro (durch Herausziehen der Schreibplatte öffnet sich das Möbel, indem die gewölbte Frontplatte in Form eines Viertel-Zylinders nach innen fährt). Goethe ließ dieses Schreibmöbel 1779 als Geschenk für Frau von Stein im Stil David Roentgens bei dem Weimarer Tischler Johann Franz Andreas Preller fertigen. Preller stellte 40 Reichsthaler dafür in Rechnung, der Buchbinder Zäncker 1 Reichsthaler 8 Groschen für die Lederauflage und der Hofschwertfeger Vogt 8 Thaler für vergoldete Rosetten und Knöpfe.
Das Möbel stand längere Zeit im Weimarer Wohnhaus der Steins, schließlich im Schloß Kochberg im Roten Salon, dem Gesellschaftszimmer des Hauses. Dort, in der heutigen Goethe-Gedenkstätte, kann es noch heute besichtigt werden.

Meisterzeichnungen ebenso nachweisen wie im strengen Pariser Klassizismus am Ende des Ancien Régime, im Berliner Hofmöbel unter Friedrich Wilhelm II. und in den Standards, die die Stockholmer Zunft ihren zum Meisterrecht strebenden Gesellen abverlangte. Daher gilt im Prinzip: Wer Technik, Stilentwicklung und Organisation der Roentgen-Manufaktur studiert, findet hier den am Ende des 18. Jahrhunderts gültigen Maßstab für Modernität und Leistungsfähigkeit der europäischen Kunstschreinerei im Zenit ihrer Entwicklung.

Neuwieder Arbeit samt ihren Entstehungs- und Absatzbedingungen ist daher ein großes Kapitel der Wirtschafts- und Technikgeschichte. Denn die Arbeitsweise der Roentgen-Manufaktur lag zwischen altem Handwerk und industrieller Fertigung und nahm von beidem das Beste. Im folgenden sollen daher Bedingungen und Entwicklungen der Manufaktur beschrieben werden, wozu Sozialnormen der alteuropäischen Gesellschaft und höfische Kultur ebenso gehören wie Technik, kaufmännische Organisation, Finanzierung, Werbung, Mode und Fernhandel. Das eine ist vom anderen nicht zu trennen. Am wichtigsten aber bleibt, zuletzt und vor allem, die Affinität der Manufaktur zur Wirtschaftsethik der Herrnhuter Brüdergemeine: das prägte den Qualitätsanspruch, die innerbetriebliche Organisation und die Preisgestaltung, vor allem aber die innere Disziplin der Arbeit.

Voraussetzungen

Aufstieg und Fall der Roentgen-Manufaktur geschahen unter Abraham Roentgen (1711-1793) und seinem Sohn David (1743-1807). Während der Vater als Person und Individuum kaum zu identifizieren ist, erscheint der Sohn als Mann von Widersprüchen: handlungskräftig und melancholisch, pietistischer Frömmigkeit hingegeben und zugleich kaufmännischer Diplomat an den Höfen Europas, durchsetzungsfähiger Unternehmer und zugleich ein Getriebener, der keine Ruhe findet; ein Mann der Welt, dem doch Gewinn und irdischer Erfolg am Ende nichts waren als ein Versprechen des Seelenheils und der Versöhnung mit der Gemeine. Von beiden, Vater und Sohn, existie-

Abraham Roentgen, Ölgemälde von Johannes Junker.

ren Bilder, heute im Kreismuseum Neuwied. Von Abraham Roentgen gibt es nichts als einige Rechnungen von ihm und an ihn, Eintragungen in geistliche Register und Nachrichten aus zweiter Hand. Von David Roentgen ist mehr erhalten: Katastereintragungen, Rechnungen, Geschäftsbriefwechsel, Gesuche und ihre Bescheidung, ja sogar einige persönliche Korrespondenzen an Freunde und Gönner; Rechtsakte sind überliefert, die ihn betreffen, und eine nicht geringe Zahl publizistischer Nachrichten aus dem späten 18. Jahrhundert über ihn und die »Fabrique«. Insgesamt bleibt aber der Versuch, Entwicklung und Bedeutung der Roentgen-Werkstatt zu rekonstruieren, einem Puzzlespiel vergleichbar, dessen Umrisse ungefähr bekannt sind, von dem aber viele Stücke fehlen und immer fehlen werden.

Für ein über bloße Anschauung und Sammlung hinausgehendes historisches Verstehen ist man angewiesen auf die vergleichende Interpretation der Erzeugnisse, auf die Kombination schriftlicher Quellen mit erhaltenen Möbeln und auf vorsichtige Rückschlüsse aus der allgemeinen Geschichte des Pietismus, der höfischen Gesellschaft und der Ökonomie der ihr dienenden Künste. Unübersehbar ist, daß der Aufstieg der Roentgens nicht die typische Handwerkskarriere darstellt, sondern Ausnahme von aller Regel bedeutet.

Der Aufstieg vom Handwerker, der Abraham Roentgen am Anfang war, zum Manufakturunternehmer mit europäischem Absatz, der David Roentgen seit 1770 wurde, hatte viele Voraussetzungen. Darunter war die Freiheit vom Zunftzwang besonders wichtig, welche das Herrnhutertum mit sich brachte, die aber zuerst im Herrnhaag bei Büdingen und dann in Neuwied fürstlicher Bestätigung bedurfte. Nicht mit der Zunftwelt, sondern nur gegen sie war die Manufaktur möglich. Die Herrnhuter waren nicht nur religiöse Außenseiter, sie bildeten auch eine soziale und wirtschaftliche Gegenwelt zum Gefüge städtisch-zünftischer Ehrbarkeit. Die Roentgens konnten sich damit jener Vielfalt von Beschränkungen entziehen – von der Begrenzung der Gesellenzahl auf zwei über das Werbeverbot bis zu den Restriktionen bezüglich Technik und Materialien –, die allesamt aus dem Bestreben der

Zunftgenossen herrührten, eine städtische Sozialordnung am Rande der Knappheit in Stabilität und Gleichgewicht zu halten.

Die Roentgen-Manufaktur steht technisch am Höhepunkt des alten Handwerks. Aber die sie tragende Wirtschaftsgesinnung, der kapitalistische Geist der Betriebsführung, der hohe Kapitaleinsatz, die aggressiven Methoden des – wie man heute sagen würde – »Marketing« und die Verflechtung in den europäischen Fernhandel waren allesamt nur denkbar außerhalb der Zunftwelt, ja in scharfem Gegensatz zu ihr.

London

Technische Rationalität und der Aufbau einer arbeitsteiligen Großwerkstatt in einem Netz von Zulieferern und mit weitgespannten Fernhandelsbeziehungen entsprachen dem Vorbild der großen Londoner Kunsttischler (cabinetmakers) der Mitte des 18. Jahrhunderts wie Cobb & Vile, Thomas Chippendale, Ince & Mayhew und John Channon, zu dem, wie man annimmt, Abraham Roentgen in ein engeres Verhältnis trat, als er in den 1730er Jahren in London arbeitete. Aus seiner Heimat im Bergischen Land war der ältere Roentgen damals über die Niederlande, wo die Kunst der figürlichen Einlegearbeit (Marketerie) seit dem 17. Jahrhundert blühte, in die englische Metropole gewandert. Hier war die einschränkende Rolle, die die Zünfte in weiten Teilen der französischen Monarchie und des Alten Reiches lange haben sollten, seit dem Stadtbrand von 1660 durch wirtschaftliches Wachstum und die Kräfte des Marktes beiseite geschoben: Keine Stadt des barocken Europa ist schneller gewachsen als London (800 000 Einwohner um 1800), keine Stadt zog mehr Reichtum an, mehr Kapital, mehr Konzentration wirtschaftlicher Energie.

Es gab in der Londoner Kunstschreinerei Großbetriebe mit vertikaler Konzentration vom Sägewerk bis zum Laden, mit hunderten von mittelbar und unmittelbar Beschäftigten. Es gab eine breite Schicht kleiner und mittlerer Meister, denen meist Kunsttischler oder »upholders« (Gesamtunternehmer für Palast- und Hauseinrichtungen) Einkauf und Absatz finanzierten; es gab Händler-Handwerker aller Art,

Oben und Seite 17: Beispiele für verschiedene Möbel-Techniken: Am Stuhlbein »cabochon« (Verzierung des Knies) und »claw-and-ball-foot« (»Kugelklauenfüße«); am Sekretär »pigeon-holes« (»Taubenlöcher«: kleine Fächer) und »bracket feet« (Füße aus geschweift gesägten Brettern).

breit aufgefächerte Arbeitsteilung mit entsprechender Spezialisierung auf dem Gebiet luxuriöser Raumkunst, und es gab vor allem, was in der Zunftwirtschaft des Kontinents kaum denkbar war, eine hohe Zahl sogenannter »working masters« (Kunsttischlergesellen), die mit kleinem oder keinem Kapital für die Großen der Branche spezialisierte Arbeit leisteten.

Daß in den 1730er Jahren in London, wie übrigens auch in Paris, viele deutsche Kunstschreiner arbeiteten, wird durch die Vielzahl englischer Möbel mit Marketerie von deutscher Prägung belegt. Hierzu ist auch die in England sonst ungewöhnliche Arbeit in Messingintarsien zu zählen, die in Berlin in Blüte stand und die später auch von der frühen Roentgen-Werkstatt praktiziert wurde. Einer dieser selbständig arbeitenden, jedoch hinsichtlich Finanzierung und Absatz abhängigen »working masters« dürfte Abraham Roentgen gewesen sein. Er lernte indes in London nicht allein die arbeitsteilig durchorganisierte

Industrie des Luxusmöbels kennen. Er übernahm auch englische Techniken der Möbelkunst, die die Erzeugnisse der Roentgen-Manufaktur seitdem wie eine Handschrift charakterisieren: Lippenrand der Schubladen; die feine, gleichmäßige und fast immer verdeckte Zinkung der Schubladen; die Verbindung von Zarge und Platte bei Tischen durch innen verleimte grobe Klötze (statt der sonst üblichen Verbindung durch Schwalbenschwanz); Arbeit in Walnußfurnieren aus Virginia und dem Mittelmeerraum; Lagerung der Schubladen auf Gleitkufen; Veredelung einfacher Hölzer durch Beizbäder, insbesondere Ahorn; die Architektur der flachen »pigeon-holes« (Taubenlöcher) als Geheimfächer; die Technik des Verwandlungsmöbels; Schnitztechniken des claw-and-ball-foot und des cabochon, des (irischen) Muschelmotivs und der naturalistischen Kuh-, Hirsch- und Geißfüße; die englischen »bracket-feet« (Füße aus geschweift gesägten Brettern).

Noch in den 1760er und 1770er Jahren sind alle diese Charakteristika in der Neuwieder Manufaktur nachzuweisen, die sonst in Deutschland damals kaum vorkamen, schon gar nicht in dieser Konfiguration. Mehr noch, die Roentgen-Manufaktur hat sich auch

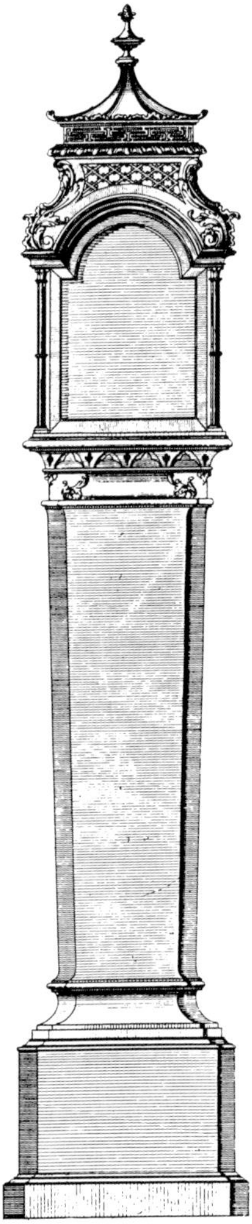

Bodenstanduhr von David Roentgen, ca 1775, aus dem Besitz des hessischen Landgrafen. Nach dem Vorbild von Thomas Chippendale: »The Gentleman & Cabinet-Maker's Director«, 1762.

freimütig der damals bekanntesten englischen Vorlagenwerke bedient, und zwar des »Director« von Thomas Chippendale – 1754 in erster, 1762 in dritter Auflage – sowie des verwandten Buches von Ince & Mayhew »The Universal System of Household Furniture« (London 1762). Freie Übernahme daraus bestimmte die Produktion des Hauses Roentgen bis in die Zeit um 1775, als der klassizistische Stil zum herrschenden Idiom wurde.

Es ist hier auch anzumerken, daß die Roentgens bis etwa 1780 einen Großteil ihrer Beschläge in Birmingham einkauften, und zwar offenkundig nach den Kupferstichen der von den dortigen Messingfabrikanten angebotenen Verkaufskataloge: Bestellnummer und Preis waren angegeben, Mengenrabatte wurden gewährt. Der Rest ließ sich über die Frankfurter Messe und durch Korrespondenz erledigen.

Das alles war indessen nur möglich in einer Fürstenstadt wie Neuwied, wo die Zünfte zu schwach waren, um gegen die Verwaltung jenes Produktions- und Marktmonopol durchzusetzen, das sie anderswo noch überwiegend behaupteten. Auch in Berlin, Kassel, Weimar und Dresden konnten Kunstschreiner englische Waren nutzen. In Neuwied stand es durch fürstliches Privileg den Roentgens frei, ungehindert und ohne Zoll alles von außen zu beziehen, was sie zur Produktion benötigten, nur an Stadtbürger durften sie nicht verkaufen. Da traf sich der Merkantalismus der fürstlichen Verwaltung mit dem Interesse des Manufakturunternehmers, der ganz und gar auf Fernhandel oder Verkauf über die Frankfurter Messe setzen mußte.

Herrnhut – Zentrum der auf die böhmisch-mährischen Brüder und den Grafen Zinzendorf zurückgehenden Brüdergemeine seit den 1720er Jahren. Kolorierter Kupferstich von J. E. Veith (Zeichnung) und Schultze (Dresdener Hofkupferstecher).

Pietismus

Die zweite Voraussetzung lag im Herrnhutertum, Pietismus strenger Observanz, der sich vor allem der Mission in Übersee widmete, enge Verbindung in die Niederlande, ins Elsaß, in die Schweiz und die britischen Kolonien in Nordamerika hielt und zur Obrigkeit stets ein loyales Verhältnis suchte: weshalb die Herrnhuter nützliche, begehrte Untertanen waren. In der auf die böhmisch-mährischen Brüder und den Grafen Zinzendorf in den 1720er Jahren zurückgehenden Brüdergemeine, deren Zentrum Herrnhut war – und bis heute blieb –, entstand eine schöpferische Verbindung von Spiritualität und kommerzieller Tüchtigkeit. Sie machte die Herrnhuter im 18. Jahrhundert zu einer über weite Teile des protestantischen Europa verbreiteten und nicht

»Aufnahme in die Brüder-Gemeine«, Kupferstich aus dem sog. »Zeremonienbüchlein« (»Kurze zuverlässige Nachricht…«) der Evangelischen Brüder-Unität, verfaßt von David Kranz, 1757.

allein durch den Glauben, sondern auch durch Kredit und Absatz verknüpften wirtschaftlichen Elite. Sie waren vor allem in Waren aktiv, die in den Fernhandel gingen, Tuche und Luxusgegenstände – obwohl selbst aus religiösen Gründen dem Luxus abhold. Abraham Roentgen hörte 1738 in London den Grafen Zinzendorf predigen und beschloß, sein Leben zu ändern. Er schloß sich den Herrnhutern an, heiratete im neuen Lebenskreis und wurde auf eine Missionsreise geschickt, die aber noch nahe den europäischen Küsten im Sturm scheiterte. Abraham Roentgen wurde auf einige Monate nach Irland verschlagen. Er begriff die Verhinderung der weiten Schiffsreise als Fingerzeig Gottes und ließ sich als Kunstschreiner im Herrnhaag im ländlichen Oberhessen nieder, herrnhutische Siedlung unter dem Schutz des Fürsten von Isenburg-Büdingen.

Was er dort arbeitete, ist bisher wenig nachweisbar: es muß einerseits einfach genug gewesen sein, um bei den Herrnhutern Absatz zu finden, andererseits doch so viel Eleganz aufgewiesen haben, daß es der Adel der umliegenden Landschaft kaufte. Am wichtigsten waren zwei Möbel für das gräflich Zinzendorfsche Paar: Für den Grafen ein Tisch aus massivem Kirschholz, den man sonst für englisch hätte halten können, eingelegt mit Messingbändern und feingravierten Messingintarsien, die verschiedene Muscheln zeigen – der hohe Herr war, Stil seiner Zeit, Sammler von Conchilien. Für die Gräfin ein Schreibtisch englischer Gestalt mit Kirschholz furniert und eingelegt, im Zentrum der Platte die Wundmal-Szene, in der Maria Magdalena den Auferstandenen erkennt: Symbol religiöser Inbrunst, welche die Herrnhuter kennzeichnete. Technisch zeigen die Möbel vollkommene Vertrautheit mit englischer Schreinerkunst und dazu souveräne Beherrschung der Gravur und Kenntnis guter Vorlagen. Die Zinzendorf-Möbel sind Inbegriff der frühen Kunst der Manufaktur.

1750 endete der den Herrnhutern im Herrnhaag gewährte Schutz, weil es wirtschaftlichen Neid und religiöse Bedenken gab. Die Frommen mußten, wie viele Glaubensbrüder vor ihnen und nach ihnen, eine neue Heimat suchen. Sie fanden sie in der Haupt- und Residenzstadt der Grafen von Wied-Neuwied am Mittelrhein. Die Wieder Grafen hatten eine im Dreißigjährigen Krieg leergebrannte Stätte durch religiöse Toleranz und freizügige Gewerbepolitik, Bauplätze und Steuerprivilegien für »Professionisten« aus der Fremde zu einem blühenden Gewerbezentrum gemacht (7000 Einwohner im Jahr 1799). Wirtschaftliche Freiheit verband sich mit religiöser Duldung. Die herrnhutische Wirtschaftsethik paßte wie der Schlüssel ins Schloß. So entstanden die Voraussetzungen für den Aufstieg des Hauses Roentgen.

Wie andere kleine Glaubensgemeinschaften auch, vor allem die Mennoniten, verfügten die Herrnhuter über ein dichtes Netz von Handels- und Finanzbeziehungen. Wer jeden Tag von religiöser Unduldsamkeit bedroht war, durfte Kapital nicht in Grund und Boden festlegen, sondern mußte darauf bedacht sein, es mobil zu halten und in anonymen

Die großen steinernen Häuser des Herrnhaag, die die Brüder 1750 verlassen mußten. Hier wurde David Roentgen geboren.

Formen des Kredits unter Glaubensgenossen gewinnbringend zu verwenden. Er mußte sein Risiko streuen und stets auf der Hut sein vor dem Neid der minder Erfolgreichen und der Mißgunst der Orthodoxen.

Das Ergebnis: Die Herrnhuter bildeten innerhalb der korporativen Gesellschaft des 18. Jahrhunderts eine vielfältig verflochtene Gemeinschaft, in der Glaubensintensität, Konsumaskese, wirtschaftliche Leistung und moralische Kontrolle einander ergänzten. Der Absonderung von Zunft und Stadtwirtschaft im wirtschaftlichen Leben entsprach die Abkehr von der »Welt« im geistlichen. Die Hinwendung zu religiöser Innerlichkeit hatte zur Folge, daß Kapital nicht, wie in der ständischen Gesellschaft auf jeder Stufe üblich und notwendig, in Ehre und barocke Repräsentation gesteckt wurde, sondern für Investitionen und produktiven Aufwand zur Verfügung stand. Die Absonderung von der korporativen Gesellschaft mit ihren überkommenen Sicherheits- und Versorgungssystemen führte auch dazu, daß die Herrnhuter eigene Kranken-, Alters- und Sterbekassen aufbauten. Mitunter wurde auch Kapital auf Leibrentenbasis an die Gemeine gegeben.

Der Exodus aus dem Herrnhaag 1750 nach Neuwied, wo der Graf Ansiedlung, Gottesdienst und Zunftfreiheit gewährte und dazu noch ein großes Rechteck städtischen Baugrunds auswies, war verbunden mit der Gründung des »Gemein-Credits«, einer Art Genossenschaftsbank. Zweck war die Bezahlung der Kosten für das Gotteshaus und alle Einrichtungen wie Lediges Brüderhaus, Lediges Schwesternhaus, Altersheim etc. Die Mittel wurden aufgebracht von den Gläubigen aus nah und fern. Abraham Roentgen steuerte zwar unter Hinweis auf sein Unternehmen kein Kapital bei, verpflichtete sich aber zu jährlichem Zinsendienst. Ein Großteil der so dem »Gemein-Credit« zufließenden Gelder wurde verbaut, der Rest als Kredit gegen gute Sicherheit an Handwerker und Handelsleute gegeben, darunter auch die Roentgen-Manufaktur.

Die Sonderstellung der Herrnhuter abseits der ständischen Gesellschaft hatte viele Folgen. Das hochentwickelte Kredit-, Abrechnungs- und Kontrollsystem wurde ergänzt durch differenzierte Buchführung, unbare Zahlungsweise, lange Zahlungsziele und Terminverkäufe und ein unbefangenes Verhältnis zum Zinsnehmen. In den jährlichen Inventaren wurden sogar Abschreibungen für Abnutzung vorgenom-

Tisch für den Grafen und Schreibpult für die Gräfin Zinzendorf von Abraham Roentgen, Kirschbaum mit Messingintarsien, 1745/50. Im Zentrum der Schreibpult-Frontplatte die Wundmal-Szene, in der Maria Magdalena den auferstandenen Heiland erkennt – für die Herrnhuter Kern ihrer religiösen Anschauungen. Die beiden Möbel, die in Form und Technik englischen Vorbildern folgen, sind Inbegriff der frühen Roentgen-Manufaktur.

men. Der Reingewinn wurde ohne Scheu als »Seegen Gottes« verbucht. Im Gegensatz zu anderen Luxushandwerkern genossen die Herrnhuter den Ruf, angemessene Preise zu fordern und nur einwandfreie Ware zu liefern: Herrnhutertum war für den Außenstehenden Garantie für Qualität und Preiswürdigkeit. Nach ihrer – auch schriftlich formulierten – Wirtschaftsethik waren die Herrnhuter gehalten, so zu arbeiten, als sei der Heiland in ihren Werkstätten gegenwärtig: Gewerbeaufsicht und Qualitätskontrolle höherer Art.

Meister und Gesellen sollten sich befleißigen, miteinander brüderlich umzugehen – ob dem im Alltag immer so war, bleibe dahingestellt. Jedenfalls ruhte die weitgehende Delegation von Führung und Verantwortlichkeit in der Roentgen-Manufaktur auf Vertrauensgrundlagen, die in den rauhen Verhältnissen des alten Handwerks schwerlich gegeben waren.

Erwähnen wir noch, daß David Roentgen unter den Herrnhutern eine gute Schulbildung empfing, die in jeder Weise, ob Bildungsniveau oder freier Umgang der Stände miteinander, der allgemeinen Schulentwicklung des 18. Jahrhunderts weit voraus war. Die Verbindungen der Neuwieder Brüder zu denen in der Schweiz und im Elsaß und die

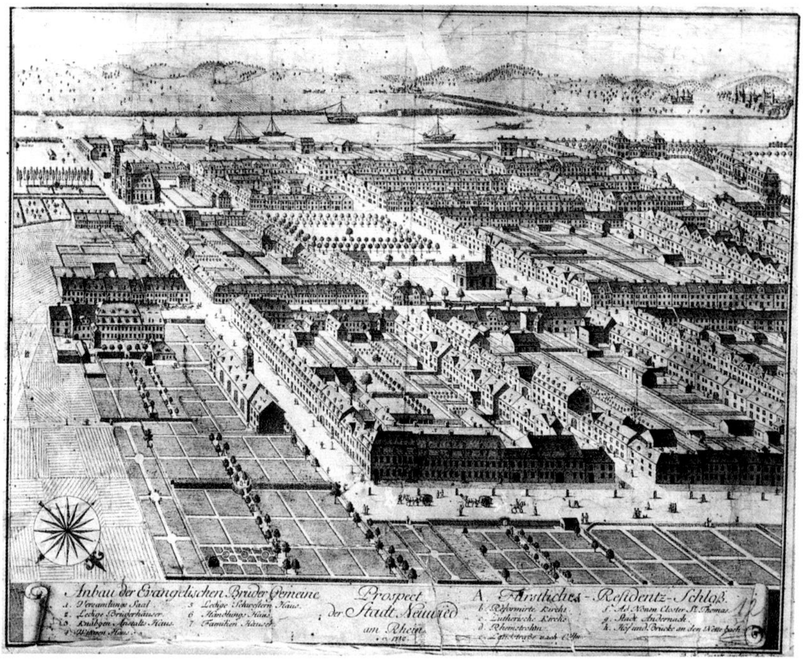

Neuwied am Rhein, wo sich die Herrnhuter Brüdergemeine seit 1751 niederließ: zu erkennen sind u.a. »Lediges Brüderhaus«, »Lediges Schwesternhaus«, ...

Seite 26:
Die Werbung David Roentgens zur Frankfurter Michaeli-Messe 1868, die den Neuwieder Frommen nicht gefiel.

AVERTISSEMENT.

Es ist allhier angekommen der bekannte Englische Cabinet-Macher, David Röntgen, von Neuwied, und hat dermalen bey sich einige pretiose Kunst-Stücke, mit welchen er nach Hamburg reiset, worunter eines befindlich, dessen gleichen noch niemals in der Welt ist gesehen worden, welches aber, wegen seiner grossen Kunst, nicht möglich zu beschreiben ist.

Und da sich derselbe schon bereits in Teutschland und Rußland den Ruhm als der Künstlichste Arbeiter à la Mosaique, oder von der eingelegten Arbeit erworben hat, so hoffet er, sich solchen auch allhier verdient zu machen. Zu solchem Ende will er hiermit alle Hohe und Gnädige Herrschaften, wie auch andere Stands-Personen und Liebhaber derer Künsten und Wissenschaften, unterthänig gehorsamst eingeladen haben, obbemeltes und noch nie gesehenes Stück, gantz ohnentgeltlich in Augenschein zu nehmen. Vorläufig schmeichelt sich der Verfertiger, daß es weder die Hohe Herrschaften, noch andere Stands-Personen jemals gereuen werde, dieses Kunst-Stück gesehen zu haben. Und wird mit Vorzeigung dieses Kunst-Stückes Morgens von 9. bis 12. Uhr, und Nachmittags von 3. bis 5. Uhr, und also bis auf den 25. September, als den festgesetzten Tag seiner Abreise, seine unterthänige Aufwartung machen

David Röntgen.

Logirt dermalen bey Madame Trümmern, im Bleyhauß, ohnweit dem Liebfrauberg.

P.S. Diejenige Hohe Herren, welche obgemeltes Kunst-Stück zu sehen belieben, werden nicht nur grosses Vergnügen an der Mosaischen Arbeit, sondern auch an einem kostbaren Instrument und gantz Neu erfundenen Glockenspiel finden. Es wäre dahero Schade, wenn nicht alle Hohe Herrschaften und Herren dieses Kunst-Stück gantz ohne Entgeld in Augenschein nehmen würden.

Tatsache, daß viele Herrnhuter in Neuwied französischen Ursprungs waren, führten dazu, daß man geläufig französisch sprach und schrieb. Zwar blieben David Roentgen und seine Frau, nachdem er durch die Hamburger Lotterie von 1769, durch großsprecherische Werbung und wirtschaftlichen Ehrgeiz den Frommen Ärgernis gegeben hatte, für mehr als zwei Jahrzehnte vom gemeinsamen Abendmahl der Herrnhuter ausgeschlossen. Aber Wirtschaftsethik wie Unternehmenspraxis Roentgens entsprachen in allen Wesenszügen der Wirtschaftsgesinnung des Herrnhutertums. Die Logik darin: Wenn Gottes Segen sich in irdischem Erfolg messen ließ, dann mußte David Roentgen einerseits alles tun, um die Normen der herrnhutischen Wirtschaftsethik einzuhalten und jederzeit überzuerfüllen, andererseits aber den wirtschaftlichen Erfolg herbeizwingen, um die Zweifel der Gemeinde zu widerlegen, Gott zu versöhnen und seine Seele zu retten. David Roentgens langer Weg von wirtschaftlicher Krise und geistlicher Verstoßung zum Großunternehmer und Förderer der Gemeinde war ein Ringen mit dem Erfolg, mit der Gemeinde und mit Gott. Wie Jakob, der mit dem Engel rang, konnte er sagen: »Ich lasse dich nicht, du segnest mich denn«.

Gemeinhin wird vermutet, daß die enge Berührung der Roentgen-Manufaktur mit der höfischen Welt, ihrer freien Moral und ihrer Eitelkeit, ihren Versuchungen und ihrer Vergeudung Anlaß zu moralischer Kritik und frommer Distanzierung gegeben haben. Das mag so sein. Aber ebenso wie die Manufaktur der Roentgens arbeitete auch die »Horlogerie«, welche unter der Regie der Gemeine stand und Uhren produzierte, für den Jahrmarkt der Eitelkeit und damit für den europäischen Fernhandel und fand mit ihren Spielzeugen selbst unter den Frommen noch Absatz. Das Problem, das zwischen den Frommen und den Roentgens stand, beruhte wohl vor allem auf dem Zweifel der Gemeine in den 1760er Jahren, ob die dem Hause Roentgen als Kredit gewährten Mittel noch sicher seien; danach auch auf dem Mißtrauen, es könne dem »Bruder Roentgen« – so wurde er weiterhin genannt – das »Reich-werden-wollen« mehr gefallen als der Seele guttat. Später überstieg dann die Unternehmensgröße so sehr den gewohnten Rah-

»Poudreuse«, 1769 an den sächsischen Hof geliefert, aber wohl schon im Jahrzehnt davor in der Roentgen-Manufaktur fertiggestellt.

men, daß man befürchtete, hier lasse sich einer zu sehr mit der »Welt« ein und vergesse seine wahre zeitliche und ewige Bestimmung.

Die höfische Gesellschaft

Die dritte Voraussetzung für den Aufstieg des Hauses Roentgen lag in der Fähigkeit, in der höfischen Gesellschaft Alteuropas Fuß zu fassen und von der rasch wachsenden Kaufkraft der Landbesitzer in den 1770er Jahren zu zehren. Es ging nicht allein um den Luxus einer reichen Oberschicht, sondern um Repräsentation von Land und Herrschaft und die Ergänzung der Palastarchitektur durch das Mobiliar. Man muß die wirtschaftliche Kleinräumigkeit des Alten Reiches bedenken, wo an jedem Schlagbaum Zoll und an jedem Stadttor Akzise zu zahlen war, um zu verstehen, wie wichtig es war, daß »Fürstengut« frei und ungehindert passieren konnte. Die Höfe gewährten einander Zollexemtionen, was bedeutete, daß jeder die Luxusgüter des anderen zollfrei ließ: Zollprivilegien für Diplomatengepäck erinnern bis heute daran. Während der wirtschaftliche Horizont des Zunftbürgers an den Mauern endete, die die Stadtwirtschaft abgrenzten, hatte alles »Fürstengut« einen europäischen Markt, den auch die exzessiven Transportkosten des 18. Jahrhunderts kaum einschränkten. Die Folge: Die Roentgens hatten rechtlich allein die höfische Gesellschaft zu Käufern; danach waren nur noch die Mühsal des Transports zu überwinden wie die Kosten der Versicherung. Was dazu führte, daß Möbel zerlegbar gemacht wurden, mit Beinen zum Anschrauben »compendieus« verpackt, wie Abraham Roentgen stolz bemerkte. Auch wurden sie zuweilen in halbfertigem Zustand geliefert, um erst an Ort und Stelle zusammengesetzt zu werden.

Die höfische Gesellschaft war offen für Talent und Reichtum. Steuertechnisch indes war sie durch den Kreis derer definiert, die legal oder auch, wie wir wissen, am Rande der Legalität »Fürstengut« bezogen. Das war der Monarch selbst sowie die fürstliche Familie, dazu Mätressen, Minister, Hofchargen aller Art, Aristokratie und das Patriziertum der freien Städte. Nur an sie durfte Abraham Roentgen Ware verkaufen, nur sie konnten kaufen.

Zum Kundenkreis der Manufaktur zählte mithin allein die Elite des Reichtums und der politischen Macht. Politische Grenzen galten dafür wenig oder nichts. Die Ansprüche dieser Machtelite waren kaum von biederen Zunftmeistern zu befriedigen. Begünstigt zuerst durch die zahlreichen, im Glauben vermittelten Adelsverbindungen des Herrnhutertums, verkaufte Abraham Roentgen geschnitzte Tische, Kirschholzmöbel mit Messingintarsien, gediegene Möbel in englischem Geschmack zunächst wohl vor allem an Adelige in der fruchtbaren Wetterau und im fränkischen Reichskreis. Das Haus Schönborn, das damals die Bischofsstühle zwischen Mainz und Bamberg besetzte, zählte zu den vornehmsten Kunden. Regelmäßig wurde die Frankfurter Messe beschickt. Sie war nicht allein kommerzielles Ereignis, hier zog auch der Adel hin, um sich zu vergnügen und Geld auszugeben. Goethes Vater fand sich dort unter den Kunden.

Zu Beginn der 1760er Jahre sind, vielleicht über Messeverbindungen, Verkäufe an den kurtrierischen Hof und an den markgräflichen Hof in Karlsruhe belegt. 1769, in einer Zeit schleppenden Geschäftsgangs, kaufte der sächsische Hof jene Poudreuse, die über die Sammlung Robert von Hirsch in das Frankfurter Museum für Kunsthandwerk gelangte. Am Ende der 1760er Jahre war die Roentgen-Werkstatt, in der seit 1761 der junge David wohl schon das Rechnungswesen in die Hand genommen hatte, für Mainfranken und das Gebiet des Mittelrheins zu marktbeherrschender Stellung gelangt. Nur leider gab es in dieser Zeit fast keinen Markt mehr. Mittel- und Westeuropa befanden sich noch immer in jener die Vermögen zerrüttenden Handels- und Gewerbedepression, die aus dem Unglückserbe des Siebenjährigen Krieges stammte, 1763 mit Bankenzusammenbrüchen in Berlin und anderen Finanzplätzen ihren Höhepunkt erreichte und seitdem den Luxusmarkt in ganz West- und Mitteleuropa paralysierte, Käufer unlustig machte und Schuldner säumig.

Von dieser Depression wurde auch die Roentgen-Manufaktur getroffen. Bis Frühjahr 1768 hatten sich für die Unsumme von 2145 Dukaten – das war der Preis von vier stattlichen Stadthäusern oder die Jahreslohnsumme von 120 geschickten Gesellen – unverkaufte Luxusmöbel im Lager angesammelt. Akute Zahlungsunfähigkeit bedrohte das Unternehmen, Verkauf unter Preis war wegen der herrnhutischen Vorschriften nicht denkbar, und es gab auch keine Käufer. Die Lage wurde vollends unhaltbar, als die Gemeine, tief erschreckt durch vielerlei Firmenzusammenbrüche, den Geschäftskredit zurückrief, den das Haus Roentgen als umlaufende Mittel dringend benötigte. In dieser Lage trat David Roentgen, indem er von »E. Edlen und Hochweisen Rath der Stadt Hamburg« die Erlaubnis erbat, am 29. Mai 1769 eine große Lotterie abzuhalten, als Unternehmer hervor.

Musterblatt für Messingbeschläge aus einem Katalog (London oder Birmingham 1760–70), nach dem auch die Roentgens ihre Bestellungen machten.

Das Barergebnis der Lotterie rettete das Unternehmen. Depression und Lotterie, der entschlossene Übergang zum Klassizismus seitdem und die genialische Unternehmensführung David Roentgens bilden einen tiefen Einschnitt in der Geschichte der Manufaktur, der Seelengeschichte David Roentgens und in der Geschichte des höfischen Möbels in Europa. Während die Gemeinde die Roentgens gern losgeworden wäre und ihnen den Abzug nahelegte, hielt der Graf die Hand über sie. Besser als die Herrnhuter wußte er zu unterscheiden zwischen einer konjunkturell bedingten Liquiditätsenge und einem maroden Unternehmen.

Das Fest des Klassizismus und der Glanz der »Fabrique«

Seitdem die Industrialisierung im 19. Jahrhundert Begriff und Bewußtsein der Arbeit tiefgreifend veränderte, gibt es die Neigung, im Kunstwerk die Hand des Meisters zu entdecken und den Ausdruck einer starken künstlerischen Individualität, ohne viel Rücksicht auf wirtschaftliche Logik und historischen Befund. Je mehr indes die wirtschaftlichen und gesellschaftlichen Voraussetzungen der Herstellung von Bronzen, Seiden, Möbeln, Silber, ja selbst der Skulptur eines Giambologna wissenschaftlich erforscht werden, desto mehr müssen die Objekte aus der allzu engen, romantischen Verknüpfung mit dem großen Mann gelöst werden.

Thomas Tompion hat die Zahnräder seiner berühmten Uhren nicht gefeilt, William Vile die Ornamente der Möbel für den englischen Hof nicht geschnitzt, Matthew Boulton nicht am Gießofen gestanden. In Paris hat Johann Heinrich Riesener die Möbel nicht furniert, die seinen Stempel tragen, und Pierre Philippe Thomire ziselierte wohl nur in Ausnahmefällen die Bronzen, die ihn berühmt machten. Sie alle waren hochbegabt als Künstler, Techniker und Unternehmer. Ihre Leistung aber lag nicht so sehr in der umfassenden Beherrschung eines hochdifferenzierten Produktionsprozesses.

Das Gesetz ihres Überlebens lag vielmehr in der kaufmännischen Organisation, angesichts einer immer knappen Kapitalausstattung, der Notwendigkeit hoher Lagerbestände und der notorisch schlechten Zahlungsmoral höfischer Kunden in nichts so sehr wie in der Sicherung des Absatzes: durch Nutzung aller Rationalisierungsmöglichkeiten, durch aggressive Werbung und ideenreiches Marketing, durch Fernhandel, die Schaffung neuer Moden und Modelle, und Zugang zu den Kreisen der Machtelite. Denn nichts war für den Luxus der vorindustriellen Welt so wichtig wie die Nachfrage der höfischen Gesellschaft. Sie war wichtigste ökonomische Antriebskraft. Als sie in den

80er Jahren des 18. Jahrhunderts in ganz Europa zurückging und dann abstürzte, war es mit den dekorativen Künsten des Ancien Régime und bald auch mit der alteuropäischen Gesellschaftsform vorbei. Mangel an Aufträgen, so hat damals der schottische Moralphilosoph Adam Smith (»An Enquiry into the Nature and Causes of the Wealth of Nations«, 1776) den Zusammenhang begriffen, bringe auch den Genius zum Versiegen.

Cabinetmaker und Kaufmann

David Roentgen war Kind dieser Verhältnisse. Es gibt nicht ein einziges Möbel, das mit Glaubwürdigkeit seiner Hand – hier im wörtlichen Sinne – zugeschrieben werden kann. Gewiß, er hatte in der väterlichen Werkstatt die Kunst des höfischen Möbels gelernt, so gut sie in Deutschland nur zu lernen war, und nannte sich »Englischer Cabinetmacher«. Aber dies ist nicht wörtlich zu nehmen. Der junge Roentgen kannte die doppelsinnige Bedeutung des Wortes und wußte sie wohl zu gebrauchen.

»Cabinetmaker« hießen in London Handwerker bescheidenen Zuschnitts; so hießen aber auch jene Unternehmer, die ein – nach den Begriffen des 18. Jahrhunderts – Großunternehmen von 100 oder mehr Beschäftigten leiteten. »Beym Tischler findet man einen Vorrath von Sachen, welche hinreichen, ein königliches Schloss zu meubliren«, schrieb der Erlanger Professor der Volkswirtschaftslehre (Cameralwissenschaft) J.A. Ortloff im Jahr 1798 über jene Londoner Cabinetmakers, denen Roentgen verwandt war.

Im Grunde zeigt der Begriff nichts weiter an, als daß der junge Unternehmer sich entschieden von der kleinen Welt der deutschen Zunftbürger absetzen wollte und mußte. Als er 1780 in Paris der »Communauté des maitres menusiers et ébénistes« beitrat, tat er es, um mit dem Meisterrecht auch das Recht zu haben, Möbel zu verkaufen. Er zahlte dafür rund 1000 livres – zweieinhalb Jahreseinkommen eines Gesellen. Schwerlich aber hat ihn noch jemand genötigt, mit eigenen Händen ein Meisterstück anzufertigen.

In bayerischen Hofzahlamtsrechnungen von 1772 und 1773 wird er »Kaufmann Roentgen« genannt. In Brüssel erbat er sich 1779 den Titel »Ebéniste machiniste du Prince«, in Paris zur selben Zeit den des »Ebéniste mecanicien du Roi«, wohl wissend, daß solches Titelwesen Ansehen verschaffte und den Absatz förderte. In Neuwied wurde er 1783 »würklicher Comercien-Rath«, wofür er dem Grafen freundlich schrieb, jedoch hinzufügte, zu einem Dankesbesuch habe er gegenwärtig wegen überhäufter Geschäfte leider keine Zeit. 1791 folgte der klangvolle Titel des preußischen Geheimen Kommerzienraths und diplomatischen Agenten Preußens am Niederrhein. Ehren über Ehren für einen Mann, dessen Anfänge, wie wir sehen, im außerzünftigen Handwerk lagen.

Die Führung des Unternehmens muß spätestens 1768 an David Roentgen übergegangen sein. Damals bereitete er die Hamburger Lotterie vor. Er hätte dies schwerlich tun können, ohne zuvor nach Buchstaben und Wirklichkeit verantwortlich zu zeichnen. Mit 25 Jahren war er alt genug, die väterliche Manufaktur zu übernehmen. Das Datum des Führungswechsels ist deshalb von Belang, weil in die Jahre nach der Lotterie der Übergang der Werkstatt zu neuen Möbeltypen, wie dem secrétaire à abattant, dem Rollbureau und dem Zylinderbureau, fällt, die Aneignung neuer Furniertechniken in Chiaroscuro-Manier und die Einführung rationeller Verarbeitungsmethoden.

Der junge Unternehmer hatte mehr Glück als sein Vater, aber auch mehr Wagemut. Nicht nur, daß der Erlös der Lotterie genutzt wurde, Schulden zurückzuzahlen und die Zinslast zu mindern. Es wurde auch investiert in Werkzeuge, Maschinen, Vorlagestücke, Hölzer aus nah und fern, Beschläge und Schlösser aus Birmingham und Mechanik aus den Werkstätten der mennonitischen Nachbarn. Vor allem aber erhielt Roentgen einen Auftrag aus Dessau: Er sollte für das im englischen Landhausstil von dem sächsischen Gentleman-Architekten Friedrich Wilhelm von Erdmannsdorff entworfene Schloß des Fürsten Franz von Dessau zu Wörlitz nach Vorlagen, die Erdmannsdorff ihm gesandt hatte, Stühle und Bänke, Kabinettschränke und Tische anfertigen, wie man sie in Deutschland zuvor nicht gesehen hatte: durch jenen stren-

Schloß Wörlitz, Bleistiftzeichnung mit Tuschlavierung von Johann Wolfgang von Goethe, eigenhändig signiert »Wörlitz, 26. May 78 G«.

gen Klassizismus geprägt, der von den Entwürfen des Architekten Robert Adam ausging. Im Frühjahr 1771 wurden diese Möbel nach Wörlitz geliefert. Das palladianische Schloß im englischen Park, bald Wallfahrtsort des deutschen Klassizismus, war eine einzige Verwahrung gegen das fürstliche Rokoko im friderizianischen Berlin und anderswo. Hier machte Roentgen sich bekannt als der erste, der in Deutschland das klassizistische Idiom verstand. In der Tat sollte er die Anregungen Erdmannsdorffs selbständig weiterentwickeln. Das sicherte ihm bald die Verbindung zum preußischen Kronprinzen, der mit einer Dessauer Hoftrompeterstocher liiert war, und zum Kreis der Weimarer Halbgötter um Goethe.

Die Aneignung der klassizistischen Formensprache, die sich in Paris und London längst durchgesetzt hatte, war damit die zweite große Leistung David Roentgens. Damit verschaffte er der »Fabrique« den Anschluß an den herrschenden Geschmack, der in der langen Depression verloren gegangen war. Sie war zugleich wichtigste Voraussetzung für den Aufstieg des Unternehmens zur bedeutendsten Möbelmanufaktur des europäischen Kontinents, der mit den großen Hoflieferungen an den Statthalter in Brüssel 1775 begann, sich mit den Lieferungen nach Versailles und Paris 1779 fortsetzte und seinen Höhepunkt erreichte, als Roentgen Mitte der 1780er Jahre buchstäblich Hunderte von Luxusmöbeln an den Hof der Zarin nach St. Petersburg schickte.

Möbel als Ausdruck ständischer Stufung

Die Lotterie von 1769 bildet den Wendepunkt der Unternehmensgeschichte. Der Prospekt resümiert Möbeltypen des ausgehenden Rokoko, für die Forschung ein Schlüsseldokument. Er verrät auch etwas von der Unternehmensphilosophie David Roentgens, der nicht Möbel anbot, sondern Kunstkammerobjekte: Man könne sie nicht »ihrer Kunst und wahren Werth nach« beschreiben, sondern es werde »nur der Gebrauch und billigste Werth angegeben«. Mehr noch, es handele sich um »lauter von der neuesten Erfindung und nach dem modernsten Gout von dem bekannten Künstler und Englischen Cabinet-Macher, David Roentgen aus Neuwied, verfertigte rare Kunst- und Cabinet-Stücke« (Prospekt von 1769). In der Tat, was aus der Neuwieder Manufaktur an die Residenzen des höfischen Europa ging, war wie die Architektur der Paläste Herrschaftszeichen, Ausdruck ständischer Stufung, Sinnbild des höfischen Absolutismus am Ende seiner Epoche.

Daneben aber ist die wirtschaftliche Bedeutung der Lotterie nicht zu übersehen. David Roentgen hütete sich vor dem Anschein, es werde unter Preis verschleudert: Schon die Herrnhuter Wirtschaftsethik mußte ihn daran hindern, aber auch praktischer Verstand. Statt dessen geriet ihm die Lotterie zu meisterhafter Werbung, sie appellierte an die

Der Eintritt der Manufaktur ins Zeitalter des Klassizismus: 1771 lieferte David Roentgen u.a. Stühle und Kabinettschränke an den Fürsten Franz von Dessau nach Schloß Wörlitz, die wohl nach Vorlagen des Architekten Friedrich Wilhelm von Erdmannsdorf gearbeitet wurden.

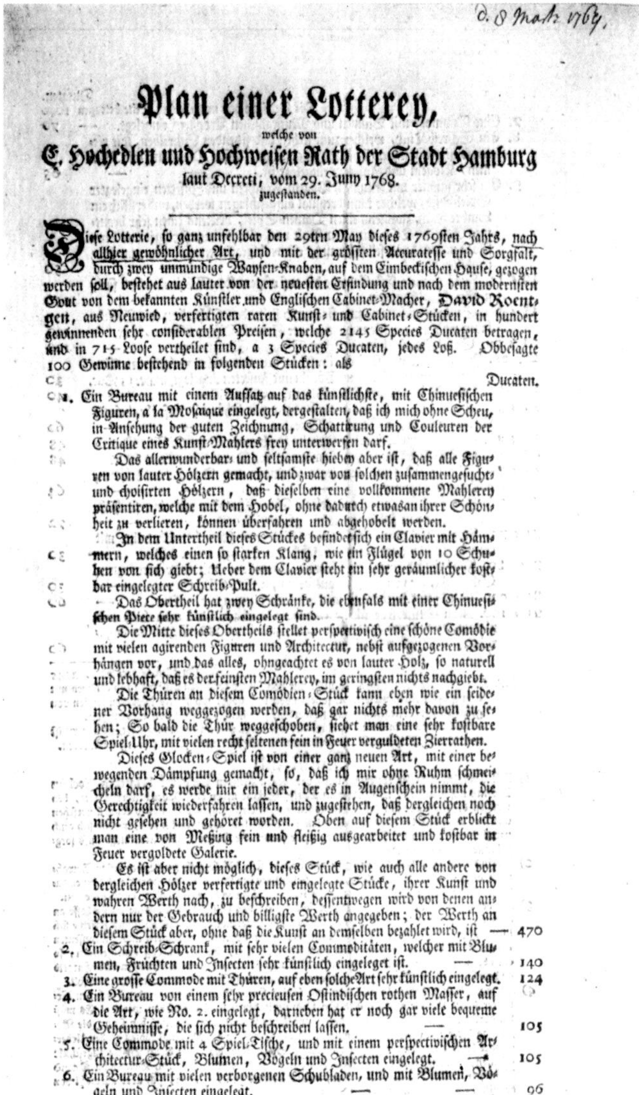

d. 8 Mah 1769.

Plan einer Lotterey,

welche von

E. Hochedlen und Hochweisen Rath der Stadt Hamburg

laut Decreti, vom 29. Juny 1768.

zugestanden.

Diese Lotterie, so ganz unfehlbar den 29ten May dieses 1769sten Jahrs, nach allhier gewöhnlicher Art, und mit der grössten Accuratesse und Sorgfalt, durch zwey unmündige Waysen-Knaben, auf dem Eimbeckischen Hause, gezogen werden soll, bestehet aus lauter von der neuesten Erfindung und nach dem modernsten Gout von dem bekannten Künstler und Englischen Cabinet-Macher, **David Roentgen**, aus Neuwied, verfertigten raren Kunst- und Cabinet-Stücken, in hundert gewinnenden sehr considerablen Preisen, welche 2145 Species Ducaten betragen, und in 715 Loose vertheilet sind, a 3 Species Ducaten, jedes Loß. Obbesagte 100 Gewinne bestehend in folgenden Stücken: als

		Ducaten.
1.	Ein Bureau mit einem Auffatz auf das künstlichste, mit Chinuesischen Figuren, a la Mosaique eingelegt, dergestalten, daß ich mich ohne Scheu, in Ansehung der guten Zeichnung, Schattirung und Couleuren der Critique eines Kunst-Mahlers frey unterwerfen darf. Das allerwunderbar- und seltsamste hiebey aber ist, daß alle Figuren von lauter Hölzern gemacht, und zwar von solchen zusammengesucht- und choisirten Hölzern, daß dieselben eine vollkommene Mahlerey präsentiren, welche mit dem Hobel, ohne dadurch etwas an ihrer Schönheit zu verlieren, können überfahren und abgehobelt werden. In dem Untertheil dieses Stückes befindet sich ein Clavier mit Hämmern, welches einen so starken Klang, wie ein Flügel von 10 Schuhen von sich giebt; Ueber dem Clavier steht ein sehr geräumlicher kostbar eingelegter Schreib-Pult. Das Obertheil hat zwey Schränke, die ebenfals mit einer Chinuesischen Piece sehr künstlich eingelegt sind. Die Mitte dieses Obertheils stellet perspectivisch eine schöne Comödie mit vielen agirenden Figuren und Architectur, nebst aufgezogenen Vorhängen vor, und das alles, ohngeachtet es von lauter Holz, so naturell und lebhaft, daß es der feinsten Mahlerey, im geringsten nichts nachgiebt. Die Thüren an diesem Comödien-Stück kann eben wie ein seidener Vorhang weggezogen werden, daß gar nichts mehr davon zu sehen; So bald die Thür weggeschoben, siehet man eine sehr kostbare Spiel-Uhr, mit vielen recht seltenen fein in Feuer vergulideten Zierrathen. Dieses Glocken-Spiel ist von einer ganz neuen Art, mit einer bewegenden Dämpfung gemacht, so, daß ich mir ohne Ruhm schmeicheln darf, es werde mir ein jeder, der es in Augenschein nimmt, die Gerechtigkeit wiederfahren lassen, und zugestehen, daß dergleichen noch nicht gesehen und gehöret worden. Oben auf diesem Stück erblickt man eine von Meßing fein und fleißig ausgearbeitet und kostbar in Feuer vergoldete Galerie. Es ist aber nicht möglich, dieses Stück, wie auch alle andere von dergleichen Hölzer verfertigte und eingelegte Stücke, ihrer Kunst und wahren Werth nach, zu beschreiben, dessentwegen wird von denen andern nur der Gebrauch und billigste Werth angegeben; der Werth an diesem Stück aber, ohne daß die Kunst an demselben bezahlet wird, ist —	470
2.	Ein Schreib-Schrank, mit sehr vielen Commoditäten, welcher mit Blumen, Früchten und Insecten sehr künstlich eingeleget ist. —	140
3.	Eine grosse Commode mit Thüren, auf eben solche Art sehr künstlich eingelegt.	124
4.	Ein Bureau von einem sehr precieusen Ostindischen rothen Masser, auf die Art, wie No. 2. eingelegt, darneben hat er noch gar viele bequeme Geheimnisse, die sich nicht beschreiben lassen. —	105
5.	Eine Commode mit 4 Spiel-Tische, und mit einem perspectivischen Architectur-Stück, Blumen, Vögeln und Insecten eingelegt. —	105
6.	Ein Bureau mit vielen verborgenen Schubladen, und mit Blumen, Vögeln und Insecten eingelegt. — —	96
	Betragen Duc.	1040

Prospekt zur Hamburger Lotterie David Roentgens, die am 29. Juni 1768 vom Rat der Stadt genehmigt und am 29. Mai 1769 abgehalten wurde.

Spiel-Leidenschaft des 18. Jahrhunderts, und sie war mit hohem Prestige verbunden. Denn die Lose kosteten Stück für Stück drei Dukaten – genug, um eine Taglöhnerfamilie jener Zeit auf drei Monate zu speisen und zu kleiden.

Neue Unternehmenspolitik

Aus der Krise des Unternehmens zog Roentgen prinzipielle Schlüsse. Es gibt keinen Brief, kein Dokument. Wohl aber läßt sich die neue Unternehmenspolitik aus Rechnungen, aus den Möbeln jener Zeit, wie aus dem unternehmerischen Handeln Roentgens insgesamt erschließen. Es kam darauf an, nicht nur die klassizistische Formensprache zu lernen, sondern auch durch Innovation aller Art den Produktionsvorgang zu rationalisieren, neue ästhetische Reize zu schaffen und vor allem über das Alte Reich hinaus Möbel zu verkaufen. So wurde binnen weniger Jahre aus der handwerklichen Manufaktur Abraham Roentgens, von außen durch Illiquidität und von innen durch Traditionalismus bedroht, ein Unternehmen europäischen Ranges, das für einen historischen Moment die Rationalität des technisch-industriellen Zeitalters mit dem »douceur de vivre« Alteuropas verband.

1773 sind die ersten Zylinderbureaus aus Neuwied sicher datiert (in der Marketerie). Durchgefärbtes Ahornfurnier hat die bisher verwendeten, viel kostspieligeren und schwerer zu schneidenden Palisandersorten verdrängt, vor allem Königsholz. Ein neuer Typus der Marketerie taucht auf: Neben den »Chinuesischen Figuren, à la Mosaique«, die schon das Prunkstück der Hamburger Lotterie aufwies, taucht nun eine neue, scheinbar frei im Raum spielende Blumenmarketerie auf, die räumliche Illusionen hervorruft und ganz anders hergestellt wurde als jene »peinture en bois«, die bis dahin als Maß der Vollkommenheit galt und in Paris noch lange gelten wird: Ähnlich der klassizistischen Grisaille-Malerei oder der Malerei en camaieu auf höfischem Porzellan wurde auf naturalistische Farbgebung weitgehend verzichtet. Ahorn in Grüntönen, Gelb, Braun, Schwarz und einem heute meist geschwundenen matten Rot bildet die Einlegearbeit.

Die Gravierwerkstatt Gervais

Woher kamen die Vorlagen? Ein Großteil stammte mit Sicherheit aus der Gravierwerkstatt des Elie Gervais, Genfer Bürgersohn herrnhutischer Glaubensrichtung, der zwischen 1750 und 1775 als Petschierstecher und Stempelschneider in Neuwied und Koblenz arbeitete. Seine Abrechnungszettel belegen seit 1769 Entwürfe und Vorlagen an »David«. Von Gervais kamen »pour David« vor allem Entwürfe für jene Blumen-Marketerien, die den Roentgen-Möbeln der 1770er Jahre

Detail aus einem Schreibsekretär, 1773 an den Münchener Hof geliefert; in der Marketerie signiert »ROENTGEN FECIT A NEUWIED«.

Seite 43: Marketerie auf einem Kommodenschrank für den Hof von Versaille 1779: nach einem Entwurf des Koblenzer Hofmalers Januarius Zick führte der Petschierstecher und Stempelschneider Elie Gervais die Gravuren aus (Hände, Gesichter und Mops zeichnete der Meister selbst, den Rest übernahm der Geselle).

ihr Gepräge gaben. Zeichner war der Geselle Raillard, mitunter auch der Lehrling Louis Schmoutz. Über Wochen und Monate werden Entwürfe geliefert, darunter auch eine Schäferszene, als deren Urheber seit 1771 auch der Name des Koblenzer Hofmalers Januarius Zick auftaucht (»Msr. Sieck«). Bei einer Szene der italienischen Komödie nach Zick, mit mehreren Figuren und einem Hund, hat der Meister Gervais Hände, Gesichter und den Mops gezeichnet , der Geselle den Rest: Sie befindet sich auf zwei ähnlichen Kommodenschränken, die 1779 an den Hof von Versailles geliefert wurden.

Von etwa 1770 bis 1785 entfaltete eine Spätblüte der europäischen Luxusmanufakturen herbstlichen Glanz. Der Aufstieg der Roentgen-Manufaktur verlief parallel zu diesem letzten Aufleuchten des ökonomischen Ancien Régime. Ihr Niedergang war vor allem Folge der danach einsetzenden Handelsstockung.

Wirtschaftsgeschichtlich und kunsthistorisch am wichtigsten waren die Verkäufe an die Brüsseler Hofhaltung des Herzogs Carl von Lothringen und Bar. Der Herzog, Schwager der Kaiserin Maria Theresia und Onkel Ludwigs XVI., regierte in den österreichischen Niederlanden wie ein souveräner Fürst. Er war Kunstkenner, bedeutender Sammler, Naturforscher und Dilettant im Verstande des 18. Jahrhunderts. Er hatte enge Verbindungen zum Wiener Hof, noch engere nach Paris und Versailles. Mit den Lieferungen nach Brüssel 1774 bis 1779 griff Roentgen zum ersten Mal über die Grenzen des Alten Reiches hinaus. Ihr Erfolg war Voraussetzung für die Ausweitung des Geschäftes nach Paris, die 1779 folgte.

Fürstliches Spielzeug

Das erste Stück, das nach Brüssel geliefert wurde, war 1774 eine große Uhr, von der es leider keine Beschreibung gibt. Einige der Objekte, die bis 1779 an die Brüsseler Hofhaltung gingen, gelangten über den Erben des Statthalters, Herzog Albert von Sachsen-Teschen, in das Österreichische Museum für Angewandte Kunst. Andere wurden in der Auktion, die 1781 dem Tod des Statthalters folgte, zerstreut. Sie müssen zu den ersten Möbeln kompromißlos klassizistischer Prägung aus der Neuwieder Manufaktur gezählt werden. Der Statthalter hat von einem der Sekretäre eine detaillierte Beschreibung hinterlassen : Offenbar der erste »Secretaire à l'abattant« in Deutschland. In mäßigem und unklarem Französisch verfaßt, vermittelt dieses Memoire doch, was Neuwieder Möbel ihren Käufern bedeuteten: fürstliches Spielzeug und Fluchtpunkt der Privatheit.

»Ein großer bonheur du jour, auch in Marketerie, von Neuwieder Arbeit mit Figuren aus gefärbten Hölzern und mit vergoldeter Bronze

Links:
Schreibschrank mit Uhrenaufsatz, 1776 an den Brüsseler Hof geliefert.

Seite 46 und 47:
Die beiden Schreibsekretäre, die 1775 für Herzog Carl von Lothringen nach Brüssel geliefert wurden. Einen davon beschrieb der Statthalter in seinem »Journal sécrèt« bis ins Detail. Es waren die ersten deutschen Möbel des neuen klassizistischen Typs, der aus Paris und London kam.

sowie einer kleinen Galerie darüber ... der obere Teil des Sekretärs klappt nach unten auf, und es befinden sich darin: oben Fächer zum Ablegen von Blättern, dort sind die Experimente und Geheimnisse, die ich erprobt habe; dann 12 numerierte Schubladen, darüber ein offenes Fach, um abzulegen, was man will. In der Mitte ist ein kleiner Schrank, der sich verschließen läßt, dort sind sechs kleine Laden und eine Nische, in die man ablegen kann, was man will; der untere Teil öffnet sich mit zwei Türen, oben ist freier Platz in der vollen Länge, dort bewahre ich alle meine großen Geldtaschen auf; unten gibt es zwei Geheimkassetten mit zwei Laden.«

Wichtiger noch als dieses Möbel mit seinem Gegenstück waren zwei Lieferungen der folgenden Jahre. Für »einen Schreibschrank, auf dem eine Uhr ist, mit vielen Geheimnissen« von 1776 mußte Roentgen jene Uhr in Zahlung nehmen, die er geliefert hatte, erhielt aber darüber hinaus 5950 Gulden: Preis eines vornehmen Hauses mit kleinem Park für ein einziges Möbel. Der Kunstschrank, heute im Österreichischen Museum für Angewandte Kunst, war freilich mehr eine kunstvolle Maschine als Möbel.

Das war das erste dreier ähnlicher fürstlicher Schreibmöbel; das zweite erhielt 1779 der preußische Thronfolger für die Summe von 12000 Reichsthalern, heute im Museum für Kunsthandwerk in Berlin-Köpenick. Das dritte ging an den Hof zu Versailles, war aber so kompliziert, daß Uhr und Spielwerke bald aufhörten zu funktionieren.

Aber Brüssel war nur das Foyer für Paris. Denn dort wurde der europäischen Mode das Wetter gemacht. Bei der Struktur des Pariser Marktes war der Zugang nicht von unten möglich, sondern nur von oben, das heißt durch Protektion des Hofes. Der Pariser Luxusmarkt befand sich fest in den Händen der Pariser »marchands-merciers«, der Goldschmiede und Ebenisten, allesamt dafür bekannt, fremde Konkurrenz nicht zu lieben. Den Zugang nach Paris hat Roentgen seit Mitte der 1770er Jahre gesucht und gefunden. Der Thronwechsel in Frankreich kam ihm dabei zu Hilfe – 1774 folgte Ludwig XVI. seinem Großvater, dem »bien aimé« Louis XV. Auch kam es Roentgen zugute, daß er wichtige deutsche Höfe zu Kunden hatte. Am wichtigsten darunter war die Tatsache, daß sein Gönner in Brüssel, Herzog Carl von Lothringen, ihn dem französischen Hof empfahl.

1774 hatte Roentgen die Pariser Möglichkeiten erkundet. Er traf dort viele Deutsche, vielleicht die Ebenisten Riesener und Stoeckel, jedenfalls den Graveur Johann Georg Wille, einen zum Mitglied der Académie arrivierten deutschen Maler aus Oberhessen, der ihn in die Pariser Kunstszene einführte. Am 30. August 1774 bemerkte Wille, der selbst mit Kunstgegenständen handelte, »tout Paris« kannte und nutzbringende Beziehungen zu den meisten deutschen Höfen pflegte, in seinem Tagebuch auf französisch: »M. Roentgen, berühmter Ebenist aus Neuwied bei Coblentz, besuchte mich mit einem Empfehlungsschreiben von M. Zick, Maler zu Coblentz und ein alter Freund von mir. Weil M. Roentgen niemanden in Paris kennt, war ich ihm nützlich, indem ich ihm einige Zeichner und Bildhauer nannte, die er braucht. Er reiste während meiner Abwesenheit wieder ab und nahm Abschied von meiner Frau.«

David Roentgen erwies sich als aufmerksamer Gast. Er schickte Wille für dessen Münzsammlung einen kleinen Schrank. Im folgenden Frühjahr erhielt er von Wille »die Drucke, die er von mir erbeten hat« – leider sind sie uns bislang unbekannt, wie sich überhaupt von den Vorlagen für die Marketerie nichts und von den Möbelzeichnungen wenig aus dieser Zeit hat finden lassen: verlorene Spuren im Sand der Zeit.

Daß Roentgen 1774 in Paris nichts verkaufte, wird meist dadurch erklärt, daß seine Möbel überdeutlich die Handschrift der Provinz trugen. Das verträgt sich indes schlecht mit der Tatsache, daß gleichzeitig nach Wörlitz, Brüssel und an viele Höfe des Alten Reiches geliefert wurde, wo man nicht im Rufe stand, hinterwäldlerisch zu sein. Die Erklärung ist einfacher: Der Handelsvertrag zwischen dem Königreich Frankreich und der Grafschaft Neuwied wurde erst 1776 abgeschlossen und 1777 ratifiziert. Vorher aber waren Neuwieder Luxusmöbel allenfalls an den Hof zu verkaufen, nicht aber in der Stadt. Auch bedurfte Roentgen, um einen Laden zu eröffnen, noch des Meisterrechts. Das war kostspielig und zog Folgeinvestitionen nach sich. Dafür war

Detail aus dem Kabinettschrank in Schloß Wörlitz (vgl. S. 39).

die Manufaktur in Neuwied 1774 noch nicht gerüstet, ihre Kapitalbasis zu schmal.

So wie die Brüsseler Lieferungen die wichtigste Etappe auf dem Weg nach Paris bildeten, war der Triumph am Versailler Hof und auf dem Pariser »Salon« – der jährlichen Ausstellung des schönen Lebens – Voraussetzung für den späteren Erfolg in St. Petersburg, wonach eine Steigerung schlechthin nicht mehr möglich war.

Blüte und Verfall

Aufstieg und Niedergang der Roentgen-Manufaktur spiegeln die letzte wirtschaftliche Blüte des Ancien Régime in Europa wider. In den Jahrzehnten vor der Revolution entfaltete sich, von Zweifel, Kritik und der Ahnung des Bürgerkrieges schon überschattet, zum letzten Mal eine Kunst, die Repräsentation und Symbol der Adelsgesellschaft am Ende ihrer Epoche war, als schon die Frage der Gerechtigkeit und die Forderung der Vernunft die Tradition zersetzten. Die alteuropäische Kunst, zu der auch die Arbeiten der Roentgen-Manufaktur zählten, war, wie der Kunsthistoriker Herbert von Einem einmal formulierte, sichtbarer Ausdruck einer »objektiven, vom Dasein des Menschen unabhängigen Weltordnung«. Ihr Denken drückte sich mehr in Bildern, symbolischen Räumen und rituellem Verhalten aus als in Begriffen. Die Leistung der Manufaktur stand schon zwischen den Welten: Ihr Markt waren Höfe und Adelsgesellschaft in ihrer Spätblüte, Organisation und Betriebswirtschaft aber gehörten schon dem Zeitalter der Manufakturenindustrie an, das gerade erst begann.

Aufstieg und Blüte der Manufaktur, aber auch Niedergang und Ende verweisen den Betrachter indessen auf die Abhängigkeit von Kraft und Selbstbewußtsein einer Machtelite, die über Jahrhunderte Land und Herrschaft in ihrer Hand gehalten hatte. Der Klassizismus war die künstlerische Version der Botschaft, daß ihr Vorrang in Kirche und Staat, in Wirtschaft und Gesellschaft seinem Ende zuging. Schon im Aufgeklärten Absolutismus der Epoche seit dem Massenhunger von 1770 und 1772 steckt viel Selbstzweifel. Aus dem Reformwillen der Epoche sprechen alter Machtegoismus und Mißtrauen gegen das Volk, aber zugleich auch die Suche nach neuer, dauernder Herrschaftslegitimation durch Vernunft und Vertrag. In den Schönen Künsten aber fand die Suche nach dem Glück, radikalste aller Ideen der Aufklärung, einen zugleich spielerischen und revolutionären Ausdruck.

Wer die Frage stellt, warum die Leistung der Roentgen-Manufaktur nicht über die Revolution hinaus geradlinig in das bürgerliche Zeitalter fortzusetzen war, wird nicht nur an das Alter des Unternehmers denken müssen, der 1789 bereits 46 Jahre zählte; er wird nicht nur seine pietistischen Neigungen, die soziale Unruhe in den Rheinlanden, Krieg und harte Zeiten in Betracht zu ziehen haben. Er wird den Niedergang als Ausdruck eines Bruches der materiellen Kultur und der tragenden Ideen zu begreifen haben, der bis heute fortwirkt, zerstörerisch und schöpferisch. Der ständischen Gesellschaft Alteuropas war der überfeinerte Luxus der Möbel, der Seiden, der Porzellane unentbehrliches Mittel der Repräsentation gewesen. Das Zeitalter der Bürgerlichkeit machte daraus entbehrlichen Zierat, Machtobjekt und Sammlungsgegenstand. Die Blüte der Roentgen-Manufaktur war ein Ergebnis jenes Festes, mit dem sich der Fürstenstaat des 18. Jahrhunderts selbst inszenierte. Sie bedeutete Ausdruck der Suche nach dem Glück und enthielt doch zugleich die Vorahnung, daß alles dies nicht dauern würde. Der Niedergang der Manufaktur war deshalb mehr als ein wirtschaftliches Faktum. Die Manufaktur konnte nicht länger florieren als die Gesellschaft, welche sie trug. Roentgen nach Roentgen konnte es nicht geben.

Gegen 1786 hat der Zwang zum Sparen, den die Verwaltung dem Hof auferlegte, den Luxusmarkt in Paris schwer getroffen, und es scheint, daß Roentgen damals die Pariser Niederlassung zurückführte und liquidierte. Jedenfalls existierte 1789, als die Revolution ausbrach, das Haus Roentgen in Paris nicht mehr. Im Register der Emigranten, wo Roentgen als abwesender Kapitalbesitzer hätte aufgeführt sein müssen, sucht man seinen Namen vergeblich. Roentgen hat wohl beizeiten die bösen Zeiten erahnt und ein Engagement abgebrochen, das sich nicht mehr selbst trug.

Weit mehr Bedeutung hatte damals schon das russische Geschäft, das auf dem kombinierten Land-See-Weg über Treuenbrietzen, Berlin, Königsberg und Riga nach St. Petersburg abgewickelt wurde. Im Herbst 1783 war Roentgen, empfohlen durch Baron Grimm, den Pariser Korrespondenten der Zarin Katharina, in den Osten gereist, hatte

Nachahmung und Nachfolge: Kommode vom Berliner Hofschreiner J.G. Fiedler, 1786/87. Unabhängig von Roentgen eine Variante des Klassizismus im höfischen Stil, wahrscheinlich für den preußischen Hof gearbeitet.

einen langen Winter dort verbracht und nicht nur den »Apollo«-Schreibtisch zu legendärem Preis verkauft – 20 000 Rubel waren verlangt, 25000 bezahlt worden und eine Golddose als Geschenk dazu –, sondern auch ein volles Auftragsbuch nach Neuwied zurückgebracht. In den folgenden Jahren wurden an die 300 Möbel in großen Planwagen auf die Reise geschickt. Hof und Hofgesellschaft kauften zuletzt 1789 drei Münzschränke, mit denen aber die Reihe der Aufträge so plötzlich endete, wie sie sechs Jahre zuvor begonnen hatte.

Das Wohn- und Manufakturgebäude, das Roentgen 1774 in der Pfarrstraße in Neuwied errichten ließ: Eine »große« und eine »kleine« Werkstätte (»zu der feinen Arbeit«) lagen im Erdgeschoß neben dem Laboratorium und dem Kontor. Im ersten Stock befanden sich Magazine für fertige und halbfertige Arbeiten, außerdem Wohnräume; im zweiten Stock ebenfalls Wohnräume und die Materialkammer; auf dem Speicher lagerte das Holz.

Der finanziellen Tragweite nach viel geringer, aber mit ebensoviel Ansehen verbunden wie das Paris- und St.-Petersburg-Geschäft waren die Lieferungen an den preußischen Hof in Potsdam und Berlin. Mit Friedrich dem Großen war es zu bedeutenden Abschlüssen nicht gekommen, der alternde Monarch blieb bis zu seinem Tode ein Sohn des Rokoko-Zeitalters. Der Kronprinz dagegen, der 1786 als Friedrich Wilhelm II. den Thron bestieg und als Sammler und Mäzen weit bedeutender war denn als verwaltender und kriegführender Monarch, hat Roentgen seit 1779 mit wichtigen Aufträgen bedacht – wenn auch bis zur Thronbesteigung mit eher schleppender Bezahlung.

Bis 1786 gingen von Neuwied nach Berlin nur wenige, freilich erlesene Möbel. Seitdem aber aus dem Thronfolger mit knappem Geld der Monarch mit vollen Kassen geworden war, stieg Roentgen zum bedeutendsten Lieferanten des Berliner Hofes auf. Eine Rechnung von 1787 allein nennt 14 Stücke. Über die Hoflieferungen ist Roentgens kühl-eleganter Stil auch für das vornehme Berliner Möbel des Klassizismus prägend geworden: J.G. Fiedler, Hofschreiner des Monarchen, hat in seinen späten Jahren den Neuwieder Stil gelernt, und Roentgens einstiger Geselle David Hacker, der sich 1791 in Berlin mit Kapital Roentgens selbständig machte, hat den Neuwieder Werkstattstil so perfekt praktiziert, daß bis heute mitunter Original und Nachahmung schwer zu unterscheiden sind.

Es ist möglich, aus erhaltenen Dokumenten und aus überlieferten Möbeln Unternehmensorganisation und -größe des Hauses Roentgen in der Blütezeit von ca. 1775 bis 1786 zu rekonstruieren. Mancherlei Unschärfen indes bleiben. Zeitgenössische Berichte von Reisenden und volkswirtschaftlichen Schriftstellern nennen zwischen 40 und 300 Beschäftigte: Die erste Zahl greift sicher zu niedrig, die zweite ist wahrscheinlich in der Größenordnung richtig. Auch muß man unterscheiden zwischen der Frage, wieviele Menschen Roentgen – mit dem Begriff der Zeit – »ins Brot« setzte, das heißt aber auch mittelbar beschäftigte, und wieviele unmittelbar zur »Fabrique« zählten. Wie immer das Ergebnis, unübersehbar bleibt, daß die Roentgen-Manufaktur vom alten Handwerk nur die Technik übernahm, daß aber Arbeitsorganisation, Unternehmensgröße und Einbindung in den europäischen Fernhandel den handwerklichen Traditionsrahmen sprengten.

Schon die Arbeitsverfassung sah anders aus. Ein Handwerksmeister hätte schwerlich mehr als zwei Gesellen beschäftigen dürfen, es sei denn als Hofhandwerker, und unter gar keinen Umständen Gesellen eines anderen Gewerbes, dazu Soldaten, Verheiratete und solche, die in ihrem Fach keine ordnungsgemäße Lehre beendet hatten. Alles aber findet sich bei Roentgen. Das Fabrikenprivileg von 1774 machte es möglich – zum Ärgernis der biederen Stadtbewohner, die dem Zunftwesen verhaftet blieben.

Mit steigendem Geschäftsumfang mußte Roentgen mehr und mehr Handwerker unterbringen, Vorräte lagern und Möbel aufstellen. Der Raumbedarf stieg mit dem Erfolg. Nachdem schon 1771 das Vorhaben, das Unternehmen zu den schlesischen Herrnhutern zu verlegen oder nach Berlin, um besseren Zugang zu osteuropäischen Märkten zu gewinnen, an den Bedingungen David Roentgens wie an der Knauserigkeit Friedrichs des Großen gescheitert war – von »exorbitant lächerlichen Forderungen« war in der Ablehnung die Rede –, mietete Roentgen zur väterlichen Werkstatt erst einmal Arbeitsräume hinzu. 1772/73 stand ihm, nicht zuletzt durch eine günstige Heirat, ein Kapital von 3000 bis 3500 Gulden zur Verfügung, um ein Haus zu kaufen. Allein, es fand sich keines, das hinreichend groß war. Darauf begann er 1774 mit dem großen Bau in Neuwieds Pfarrstraße, der heute noch steht, gegenüber dem Geviert der Herrnhuter.

1771 hatte David Roentgen noch von 12, später 15 »Arbeitsleuthen« gesprochen, neben der Familie »und meinen vier Brüdern, welche alle an der Profession arbeiten«, wurden sieben Gesellen genannt, ein Mechaniker und Uhrmacher (vermutlich Peter Kinzing), ein Lehrling, dazu noch Schlosser, Gürtler (Beschlagmacher) und verschiedene Professionen. Hier zeigt sich ein charakteristisches Merkmal des Unternehmens, das im Gegensatz zum Zunfthandwerk auch Angehörige fremder Gewerbe beschäftigte. Als 1779 ein Verzeichnis der für Roentgen arbeitenden Handwerker aufgestellt wurde, waren es rund zwei Dutzend Schreiner, die genannt wurden, dazu »außerm Hause« mehrere Handwerker mit eigenen, durchaus beachtlichen Betrieben. Der »Auszug eines Schreibens aus Neuwied, den 10. November 1785« in der Zeitschrift »Litteratur und Völkerkunde«, Dessau 1786, nennt in der Blütezeit des Unternehmens mehr als 80 im Hause Beschäftigte, dazu mehrere Zulieferbetriebe (am wichtigsten Kinzing für Uhren und Hermann für Gürtlerei und Vergolderei) mit jeweils mehr als 20 Beschäftigten.

Zudem wissen wir aus erhaltenen Rechnungen, daß damals die »Schreinerstube« der Brüdergemeine in großem Umfang Halbfabrikate in Normmaßen an das Haus Roentgen lieferte, daß Standard-Bronzen aus England und feines Ormolu (feuervergoldete Bronze) aus Paris bezogen und daß für Transporte fremde Unternehmer herangezogen wurden. Insgesamt wohl war die Unternehmensgröße bis 1786 im Wachsen, danach wieder im Schwinden. Es gehörte zur vorsichtigen Unternehmenspolitik Roentgens und entsprach der herrnhutischen Wirtschaftsethik, weniger auf Größe zu setzen – »Konzentration« in moderner Terminologie – und mehr auf Zusammenarbeit. Dadurch wurde das Geschäftsrisiko gemindert, mehr Menschen erwarben aus eigener Anstrengung ihr Brot. Roentgens Zulieferbetriebe kamen, soweit wir sie erfassen können, meist aus dem herrnhutischen und mennonitischen Umkreis in Neuwied. Er selbst hat um 1800 gegenüber dem preußischen Monarchen eine Summe von zwei Millionen Thalern preußisch genannt, die er in 20 Jahren »in Umlauf gebracht« habe; heute würde man vom Umsatz sprechen.

Mehr als zwei Millionen: Das lag nahe beim Umsatz der Meißner Porzellanmanufaktur in derselben Zeit und ergibt einen Jahresdurchschnitt von mehr als 100 000 Reichsthalern. Da allein die Summe der durch Archivalien nachgewiesenen Verkäufe in fetten Jahren wie 1779, 1784 und 1786 dieser Zahl nahekommt, darf sie als gesichert gelten. Es gab damals nicht viele Manufakturen gleicher Größe und gleicher unternehmerischer Potenz in Europa. Während ihrer kurzen Blüte von kaum zwei Jahrzehnten kann die Manufaktur als eines der rationellsten und bedeutendsten Unternehmen in Europa am Ende des Ancien Régime gelten.

Handwerker war David Roentgen nie. Als Unternehmer muß er für seine Zeit genialisch genannt werden. Der »Auszug eines Schreibens aus Neuwied« vom November 1785, dessen Schreiber Roentgen wenig wohlwollte, bemerkte dazu folgendes:

»Der Principal, Herr Roentgen, so muß ich ihn nennen, obgleich er selbst nicht den geringsten Antheil an der Entstehung der hier zustande gekommenen Stück hat; nämlich solchen Antheil, der das Mechanische und Künstliche erzeugt oder vollendet hätte (er ist darinen doch der Principal und Meister, denn er muß vor alles benöthigte sorgen), bezahlt etliche 80 Mann lauter geschickte Menschen ... Hier muß ich aber wieder an die Stelle zurückgehn, wo ihn Herr und Meister genannt habe. Er ist es, da derselbe neben bereits angeführten, auch für den Absatz sorgen muß, giebt auch an was er verfertigt wünschet, und übrigens auf seine jede einzelne Arbeit genau Acht, daß alles in der äussersten Perfection gemacht wird … Herr Roentgen, … Herr der Fabrike, verkauft und sucht neue Kundschaft, zu welchen beyden Geschäften er vor viel 100 sonst geschickten Männern besonders Geschicklichkeit hat, und überhaupt das Zeugniß ihm gegeben werden muß, dass er ein kluger Kopf, ein Mann von Geist und Welt ist.«

Niedergang und Ende des Hauses Roentgen kamen nicht über Nacht. 1786/87 hielt sich Roentgen das letzte Mal in Paris auf. Das Petersburger Geschäft endete 1789. Längst stürzte der Markt des höfischen Luxus in Depression. Als dann die ersten französischen Emigranten, die noch vieles retten konnten, ihre Kunstschätze auf Londoner Auktionen gaben, brach der Markt zusammen. Die Epoche des fürstlichen Aufwands, der keiner Rechtfertigung bedurft hatte, ging sichtbar ihrem Ende zu, und die großen Revolutionsauktionen in Paris, die 1793/94 das Eigentum der »letzten Tyrannen Frankreichs« und dazu noch einiges mehr verschleuderten, setzten nur den schrillen Schlußakkord.

Was blieb, waren historische Überreste, Bühnendekorationen eines Stückes, das vom Spielplan der Geschichte gestrichen worden war. Roentgen sah alles dies geschehen, »niedergegeistert und melancholisch«, wie er schrieb. Er begriff, daß, was sich diesmal ereignete, nicht eine Handelskrise war, die vorübergehen würde. Es war der Untergang der alteuropäischen Ordnung und mit ihr der Ideen und Normen, die sie getragen hatten.

Herbststimmung über Alteuropa

Der Minister und Geheime Rat Johann Wolfgang von Goethe in Weimar hat Roentgen gut gekannt, aber kein einziges seiner Möbel je besessen. Als Dichter hat er, wo er Erzeugnisse der Roentgen-Manufaktur erwähnt, sie stets in magisch unerklärbare Zusammenhänge gerückt: Zeugnisse einer abgelebten Zeit und einer Gesellschaft, deren sozialmoralische und wirtschaftliche Grundlagen durch Revolution und napoleonische Neuordnung, durch Säkularisierung und Rationalisierung, durch ein zum Alptraum gewordenes Bevölkerungswachstum und durch die Anfänge der industriellen Revolution zerstört worden waren. Niemals, das war die unter den Zeitgenossen dieses Umbruchs geläufige Meinung, würde die Welt wieder so werden, wie sie gewesen war. »Wir werden, mit vielleicht noch wenigen, die letzten sein einer Epoche, die so bald nicht wiederkehrt« – schrieb Goethe 1825 an seinen Freund Karl Friedrich Zelter in Berlin.

Der Erfolg der Roentgen-Manufaktur hatte darauf beruht, daß sie Geist und Gesellschaft des Ancien Régime in der materiellen Kultur widerzuspiegeln wußte, daß sie dies mit Wirtschaftsethik und Geschäftstüchtigkeit des Herrnhutertums verband und daß schließlich mit David Roentgen ein kraftvoller Kopf da war, der sich dafür schon der Rationalität der kapitalistischen Wirtschaftsweise bediente. Von Anfang bis Ende lag das Erfolgsgeheimnis der Manufaktur in der Synthese gegensätzlicher Welten: Pietismus und höfische Gesellschaft, Absolutismus, Adelsgesellschaft, Handwerkstradition und ökonomische Rationalität.

Diese Leistung, schon zu ihrer Zeit eine Legende, hatte produktive Folgen. »Die Schaffenszeit Roentgens umfaßt den Zopf von seinem Anfang bis zu seinem Ende; in vieler Hinsicht darf er als der Schrittmacher dieser letzten Stilperiode des 18. Jahrhunderts in Deutschland gelten. Seine berühmte Werkstatt in Neuwied hat die wandernden Ge-

Nachahmung und Nachfolge: höfisches Möbel, Mahagoni mit Marmorplatte in den Proportionen der Roentgen-Manufaktur.

sellen aus ganz Europa angezogen. ... In den Jahren um 1800 ist der Möbelstil in Deutschland fast ausschließlich durch ihn geprägt« (G. Himmelheber).

Der Erfolg Roentgens setzte schon am Ende des 18. Jahrhunderts eine Prämie auf die Nachahmung. Riesener, Benemann, Molitor und Weisweiler in Paris, um nur die berühmtesten zu nennen, haben da-

Weder Nachahmung noch Nachfolge: Kommode von J. Fr. Holzhauer, im »Journal des Luxus«, 1786 – der ersten Möbelwerbung dieser Art – publiziert.

mals Möbel produziert, die das Neuwieder Vorbild nicht verleugnen. Als in Paris seit 1780 der »goût anglais« im Schwange war, verband sich die Nachahmung des Londoner Geschmacks mit der Bewunderung der Möbel aus Neuwied: Große Flächen bewegt gemaserten Mahagonis aus Kuba und Jamaika wurden so verarbeitet, daß die feine Zeichnung die Marketerie ersetzte. Sie wurden eingefaßt von vergoldeter Bronze, und viele versuchten, die als »marmorähnlich« beschriebene Politur der Roentgen-Werkstatt zu erreichen. Aber sie blieb Arkanum und damit Geheimnis der Werkstatt.

Die Roentgen-Manufaktur hat für das deutsche Mahagoni-Möbel einen absoluten Maßstab gesetzt, freilich mehr im Norden Europas, weniger im Süden des Alten Reiches, wo das Zunftwesen noch lange zäh überlebte, wo Mahagoni überaus teuer blieb und wo man Kosten und Schwierigkeiten bei der Verarbeitung des harten Holzes lange Zeit scheute. Im ersten Jahrgang des von Bertuch in Weimar herausgegebenen »Journal des Luxus« heißt es dazu 1786 mit einer gewissen Unduldsamkeit gegenüber allem, was französisch war: »Ein Meuble muß einfach und schön von Form sein, bequem und zweckmäßig zum Gebrauch, dauerhaft und sauber gearbeitet, und gut von Material sein, wenn man es für vollkommen erkennen soll. Das englische Ameublement hat fast durchaus den Charakter, daß es solide und zweckmäßig ist; das französische ist leichter von Gestalt, mehr komponiert und in die Augen fallender ... Aber England wird doch sicher noch lange Zeit Gesetzgeber des Geschmacks in diesem Fache für ganz Europa bleiben«.

Auch durch die Wanderung der Gesellen sind Technik und Stil der Roentgen-Manufaktur verbreitet worden. Freilich hat man zu berücksichtigen, daß es nicht ausreichte, die Produktionsmethoden und Grundformen der Neuwieder Manufaktur zu kennen. Jeder, der es Roentgen gleichtun wollte, mußte auch über ähnliche Voraussetzungen verfügen: abgelagerte Vorräte, eingespielte Zulieferbetriebe, langen Kredit, Spezialisten für jeden schwierigen Arbeitsgang, Freiheit von der Zunft, höfische Empfehlungen, Sicherheit und Routine im Fernhandel und einen Namen, der bereits Legende war. Die eine oder andere Komponente mag es anderswo gegeben oder sie mag aus der Werkstatttradition überlebt haben – insgesamt handelte es sich um eine unwiederholbare Konfiguration. Die Verflechtung der Neuwieder Bedingungen erklärt den Umstand, daß Roentgen-Nachahmung und Roentgen-Nachfolge mehr oder weniger deutlich hinter dem Vorbild zurückbleiben. Wie deutlich freilich, ist bis heute nicht geklärt.

Langer Abschied

In der Prosa moderner Auktionskataloge wie in den Kommentaren von Museen finden sich mitunter Roentgen-Möbel unwahrscheinlichen Datums: 1790 und danach. Jede Vermutung spricht dafür, daß die fraglichen Stücke entweder, wenn sie wirklich aus der Roentgen-Manufaktur kommen, zu spät datiert sind, oder aus dem Kreis der Nachfolger stammen.

David Roentgen hatte immer beides haben wollen: das Geschäft des Luxus und den Frieden der Seele. Die Depression, die der Französischen Revolution um ein halbes Jahrzehnt vorausging, scheint ihm geholfen zu haben, einen Entschluß zu finden. Als David Frost, sein früherer Pariser Repräsentant, 1789 Bankrott anmeldete, stand Roentgen mit einigen hundert Livres auf der Liste der Schuldner. Seine außerordentlich scharfen moralischen und finanziellen Standards als Herrnhuter forderten es, daß er sofort zahlte, als seine Schulden fällig wurden. Welche Leistung aber hinter diesen Schulden stand, wissen wir nicht. Vielleicht hatte Frost Bronzen vermittelt oder Kupferstiche.

Im Diarium der herrnhutischen Gemeine vom September 1791 gibt es einen knappen Hinweis, daß David Roentgen just zurückgekehrt war von einer Vier-Wochen-Reise nach Paris. Schwerlich hatte Roentgen sich, wie intellektuelle Zeitgenossen der Revolution, auf ideologische Pilgerschaft begeben. Wenn er die Kosten der Reise auf sich nahm wie auch die große Gefahr, als »ci-devant« und früherer Hoflieferant erkannt zu werden – was vor das Revolutionstribunal führen und übel enden konnte –, so muß er ernste Gründe gehabt haben: Wahrscheinlich wollte er überfällige Zahlungen sichern aus dem Besitztum von Aristokraten, die bereits emigriert waren oder doch dabei waren, es zu tun. In welchem Ausmaß er damals die Konten noch ausgleichen konnte, ist ungewiß: Wahrscheinlich hatte Roentgen nur noch Verluste zu verbuchen. Jacques Necker, der Finanzminister Ludwigs XVI., hat 1789 des langen und breiten erklärt, daß die Krone im vergangenen Jahrzehnt Rechnungen immer nur dann zahlte, wenn es keinen anderen Ausweg gab. So wird auch Roentgen sich auf der langen Liste von Handwerkern und Fabrikanten gefunden haben, die vergeblich warteten.

So gab es seit 1790 kein Geschäft mehr. So standen aber auch keine »hohe Konnexionen« mehr zwischen David Roentgen und den herrnhutischen Frommen. Roentgen, so scheint es, lernte schnell, daß in einer Epoche, da republikanische Tugenden gefragt waren und Armeen durch Europa marschierten, seine überdehnten Geschäftsverbindungen reduziert werden mußten. Aber was Roentgen an geschäftlichem Erfolg verlor – so mag sein Trost gewesen sein –, gewann er an Frieden mit sich selbst und der Gemeinschaft der Frommen. Am 18. Juni 1791 ließen sie Roentgen und seine Frau, nach 25 Jahren des Ausschlusses, zum Abendmahl wieder zu. David Roentgen hatte damit jene Versöhnung gewonnen, für die er sein Leben lang gearbeitet hatte. Was ihn getrieben hatte, war die Seelennot und der Wille zu beweisen, daß, wenn auch die Brüder ihn verstoßen hatten, Gott sein Bemühen erkannte. An einem Juni-Sonntag des Sommers 1791 war seine religiöse Pilgerschaft an ihrem Ziel. Aber die weltliche Pilgerschaft ging weiter.

Alles spricht dafür, daß spätestens im Sommer 1792, als das Rheinland voll von Truppen auf dem Marsch nach Frankreich war, die Produktion praktisch endete. Nach der Schlacht von Valmy in der Champagne (20. September 1792) zog sich die Reichsarmee über den Rhein zurück, die Generäle Custine und Dumouriez mit ihren Revolutionsarmeen drangen in die Niederlande vor und besetzten große Teile des linken Rheinufers von Mainz bis Speyer. Aber erst im Sommer 1794 scheint Roentgen angesichts der zweiten französischen Invasion zu der Überzeugung gekommen zu sein, daß das Leben fern von Neuwied sicherer sei. So gingen er und seine Frau mit anderen Flüchtlingen ins elegante Schwalbach, unweit von Wiesbaden. Am 19. Oktober 1794 berichtete er nach Neuwied: »Seit meiner Abreise von Neuwied bin ich ganz vollkommen gesund munter und vergnügt. Die Todes-Angst ist aus meinem Körper weg, und wen nun noch ängstliche und kumerhaf-

te gedanken und allerley vorstellungen ins gemüth kommen, so kan ich mich aus gnaden mit allem druck zum Heiland wenden ...«

Im August 1795 wurde die Stadt Neuwied von französischer Artillerie beschossen, und Roentgen floh vor der nachfolgenden Besatzung in die Sicherheit der Freien Reichsstadt Frankfurt. Dort war sein Bankier, das Haus Bansa, und dort lebte er seitdem viele Monate lang wie ein reicher Bürger mit Pferden und Kutsche. Offensichtlich glaubte er noch, daß sein Exil nicht lange währen würde. Bald jedoch fand er, daß die Misere in Neuwied und sein aufwendiger Lebensstil in Frankfurt nicht zueinander passen wollten, und so verkaufte er Kutsche und Pferde. Während Neuwied einmal in den Händen der Kaiserlichen war, dann wieder in den Händen der Franzosen, organisierte Roentgen Hilfe für seine Mitbürger zuhause.

Es sollte viele Jahre dauern, bis er nach Neuwied zurückkam. Während der Krieg sich wieder nach Westen verlagerte, reisten Roentgen und seine Frau nach Stuttgart, wo er beim Hof alte Schulden in

Höhe von 4000 Gulden kassieren und neue Waren verkaufen wollte. Seine Briefe aus Stuttgart sind übervoll mit religiösen Reflexionen und Bekenntnissen eines zerknirschten Herzens: »Als ein Armer Sünder zu Ihm gewendet, und Er hat mir aufs Neue den frieden Gottes in mein Herz geschenkt, als welcher mir so lange oftmals gefehlt hat, und welcher mich immer schwehrmüthig und mißvergnügt gemacht hat …« Jetzt war er versöhnt mit der Gemeine und hatte den Frieden des Herzens gefunden. Was allerdings die Geschäfte anlangt, die in diesem Zusammenhang noch mehr interessieren als die Gebete, so sind die Briefe nicht sehr redselig. Im ganzen blieb David Roentgen skeptisch, was die Zukunft anging. Am 20. Januar 1796 bemerkte er über die Lage in Stuttgart: »Mein hiesiges Geschefte gehet sehr langsam von statten, doch wird es wohl etwas werden, man muß hier so wie an allen höfen alles mit gedult ablauern und abwarten.«

Leider berichten Roentgens Briefe wenig von dem, was uns am meisten interessieren würde: wie er seine Ware verkaufte, wie er sie

Seite 65 bis 67: Möbel der späten Roentgen-Manufaktur aus Schloß Weißenstein auf der Wilhelmshöhe in Kassel.

transportierte, wo er sie lagerte, und wer von seinen Werkleuten ihn begleitete. Gewiß verließ er sich auf seine Reputation für höchste Qualität und angemessene Preise, und wahrscheinlich hatte er ein Portfolio mit Zeichnungen der Möbelstücke. Aber die Briefe enthalten Hinweise, daß er tatsächlich auch Möbel mit sich führte, um sie seinen fürstlichen Kunden auf der Reise anzubieten. Er beschwerte sich nicht selten, daß die Kutsche überladen und beschwerlich war. Aber was soll man daraus machen? Alle Kutschen zu jener Zeit waren überladen und beschwerlich, alle Wege abgründig, und die meiste Zeit des Jahres kaum zu befahren.

Stuttgart war nur der erste Halt auf der langen Reise. Von dort reisten Roentgen und seine Frau weiter nach Neudietendorf und Ebersdorf in Thüringen, wo es große herrnhutische Gemeinden gab. In Ebersdorf residierte Graf Reuss, er kaufte nicht wenig von dem, was

Roentgen anbot. Roentgen hat leider unterlassen, der Nachwelt die Details zu berichten, statt dessen war er bewegt.

Unterdessen reiste er durch die thüringischen Berge und besuchte die Stadt Kassel, Hauptstadt der Landgrafschaft Hessen. Dorthin hatte er zuvor den größten Teil seiner Möbel geschickt. Auch hatte er die Hoffnung, manches an den Hof zu verkaufen. Dort haben sich bis heute im Schloß Weißenstein auf der Wilhelmshöhe eine Reihe qualitätvoller Möbel der späten Roentgen-Manufaktur erhalten. Am 18. Oktober 1796 schreibt er nach Neuwied: »Nun etwas von mir, am 9ten 7brs bin ich mit meinem Sohn Philipp von hir nach Caßel abgereist um meine dort liegenden Waaren nachzusehen, und zu untersuchen, ob sie durch daß lange liegen nicht schaden leiden und verderben … Meine sämtliche waaren auch übrige effecten sind bißhero in Caßel gantz unbeschädiget geblieben doch war es nöthig solche einmal auszupacken und nachzusehen, denn sie lagen im Packhaus etwas feucht, und nun habe alles in ein Hauß in verwahrung bringen laßen. Nachdem in Caßel mein geschefte verrichtet hatte, reisten wir wieder hirher nach Neudietendorf meine l[iebe] frau war nicht mit in Caßel, und nun gedencken wir vor diese Zeit hir in Neudietendorf zu bleiben, biß wir, welches der liebe Heyland doch endlich gnädiglich verleihen wird, den frieden erleben werden.«

Der Roentgen-Schüler und Betreiber einer eigenen Möbelmanufaktur in Braunschweig Christian Härder lieferte – etwas weniger perfekt und etwas weniger teuer – einen Schreibsekretär an den Herzog von Coburg.

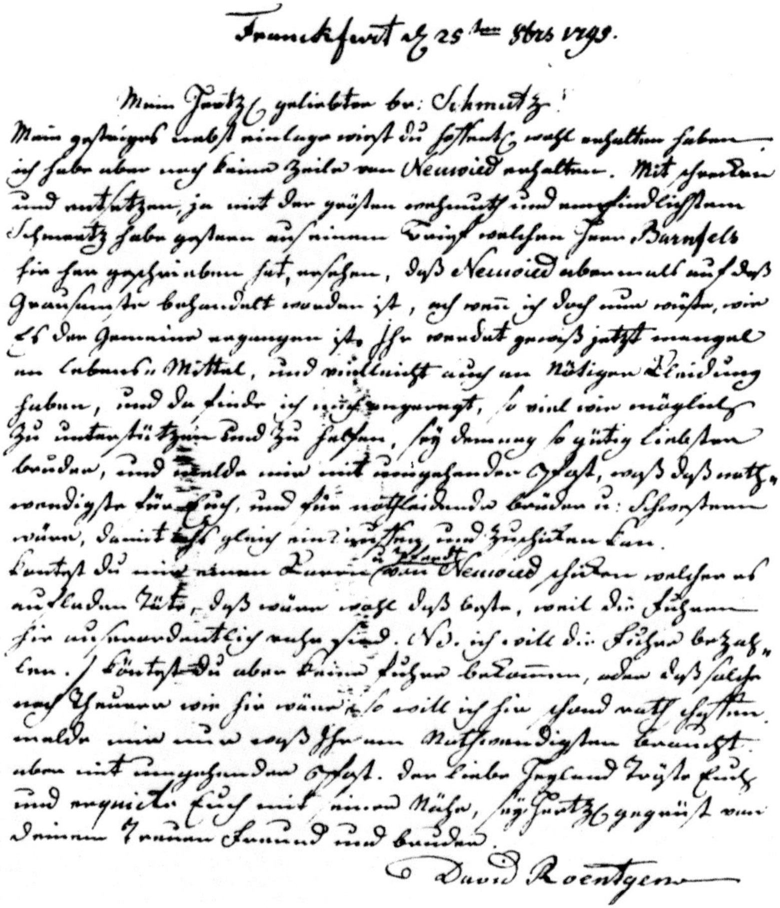

Brief David Roentgens vom 25. Oktober 1795 aus Frankfurt an Bruder Schmutz, den Aufseher der Herrnhutischen Brüdergemeine in Neuwied.

Das Ende einer Pilgerschaft

Der Krieg und das Unglück Neuwieds machten Roentgen, wie er schrieb, »oftmalen sehr schwermüthig und melancholisch«. Aber was konnte er tun? Verbindung halten mit den Brüdern in Neuwied, auf bessere Zeiten warten, ein Auge auf das Lagerhaus in Kassel haben und unterdessen versuchen, soviel wie möglich zu verkaufen von dem, was ihm geblieben war. Am kleinen Hof von Sachsen-Meiningen wurde er mit Herzlichkeit durch die fürstliche Familie empfangen als ein alter Gastfreund, aber wirtschaftlicher Erfolg war ihm dort nicht beschieden.

Ein wenig besser erging es ihm im nahegelegenen Köstritz, wo er wiederum an ein Mitglied der gräflichen Familie Reuss gut verkaufte. Noch besser fuhr er im südlich gelegenen Coburg, wo der Herzog eine Anzahl von Stücken kaufte, wieviel aber, gab Roentgen nicht preis: Heute befinden sich nicht weniger als zwölf späte Roentgen-Möbel in der Coburger Sammlung. Aber das herzogliche Archiv gibt leider kaum Information über Kaufdatum, Preise, Transport, Versicherung und alle die peripheren Daten, die wir gerne wüßten. Der einzige Hinweis zeigt nur, daß es dem Herzog ging wie allen fürstlichen Vettern: Er wollte kaufen, aber er konnte nicht bezahlen, und so einigte man sich in der Regel auf lange Zahlungsziele, Ratenzahlung und 4 1/2 oder 5 Prozent Zinsen für das Kapital. Roentgen, der keine andere Wahl hatte, stimmte zu.

Im Frühsommer 1797, als Napoleon den Österreichern den Frieden von Campoformio diktierte, hofften die kleinen Leute von Neuwied auf eine allgemeine Friedensregelung. Aber Roentgen blieb ängstlich und besorgt. Gern wäre er nach Neuwied zurückgegangen. Es machte ihm Sorge, daß immer wieder Truppen in seinem Haus einquartiert waren, in seinen privaten Räumen, sogar in seinem »sälgen«, wo einstmals der preußische König getafelt hatte. Er beschwerte sich, daß die zwei

»Wer einen künstlichen Schreibtisch von Röntgen gesehen hat, wo mit einem Zug viele Federn und Ressorts in Bewegung kommen, Pult und Schreibzeug, Brief und Geldfächer sich auf einmal oder kurz nacheinander entwickeln, …« (Johann Wolfgang von Goethe):
Prunkschreibtisch aus der Roentgen-Manufaktur 1785, ursprünglich für den Pariser Markt gefertigt. Die vergoldeten Bronzen sind wohl aus der großen Pariser Werkstatt von Remond.

oder drei Taler, die er pro Tag für Besatzungskosten zu tragen hatte, zu viel waren. Aber was konnte er tun? Er hatte noch so viele Möbel zu verkaufen, und es gab niemanden, der es an seiner Stelle richtig hätte tun können.

In Leipzig, der reichen Messestadt, hatte er Erfolg. Am 8. Oktober 1797 berichtet er nach Hause: »Hir in Leipzig habe Gott sey danck daß Glück gehabt ein paar kostbare Stücke zu verkaufen, obwohl nicht gantz um baare Zahlung, so bin ich doch froh, und dem l. Heyland danckbar dafür.« Im November wandte er sich nach Dessau, wo Fürst Franz regierte, Modellfürst des Aufgeklärten Absolutismus. Für Roentgen bot Dessau daher freundliche Erinnerungen. Hier hatte er nicht nur das Idiom des Klassizismus gelernt, hier war auch die erste Verbindung mit dem preußischen Kronprinzen geknüpft worden.

Wiederum war Roentgen darauf angewiesen, daß der Fürst, der in den Elbauen jagte, sich für seine Waren interessierte. Die Enttäuschung wartete auf ihn. Er verkaufte nur wenige Möbel in Dessau und mußte weiterreisen nach Weimar, wo Herzog Carl August Interesse zeigte. In Weimar traf er Goethe, seinen alten Gönner und einflußreiches Mitglied der Hofgesellschaft, aber der konnte ihm auch nur wenig helfen.

In einem langen Brief, datiert vom 12. Mai 1798, beschwerte sich Roentgen bitterlich, daß er nur auf langfristigen Kredit verkaufen konnte und zu Preisen, die weit unter dem lagen, was er gewohnt war. Er machte eine Art Bilanz. In zwei Jahren hatte er Möbel im Wert von 12 000 Gulden verkauft, und er mußte sich auch noch mit der Tatsache abfinden, daß er Zinsen auf das Kapital erhielt, aber kein Bargeld. Behutsam erklärte er seinem geistlichen Mentor zu Hause, dem Bruder Schmutz, wie er Preise festsetzte: Darin lag ja für ihn eine traumatische Erfahrung, denn sein Zerwürfnis mit der Brüdergemeine hatte begonnen, als er versuchte, über die Hamburger Lotterie vor bald 30 Jahren die Waren, die im Lagerhaus seines Vaters unbeweglich lagen, in Bewegung zu bringen. Sollte er am Ende seines Lebens noch einmal die geistliche Not durchmachen, die ihn 25 Jahre lang beschwert hatte?

Der moralische Codex der Herrnhuter war aufgebaut auf dem Begriff des gerechten Preises. Aber die Zeiten hatten sich geändert, und nun mußte man zu jedem Preis abschließen, gerecht oder ungerecht, sofern man überhaupt verkaufen wollte. Roentgen mußte langen Kredit geben und letzten Endes alles geistlich rechtfertigen, nämlich mit dem Willen, endlich von der Last des Geschäfts erlöst zu sein und geistlichen Frieden zu finden.

Über Herrnhut, das Rom der mährischen Brüder im östlichen Sachsen, ging Roentgen zurück nach Leipzig. Aber diesmal wurde er enttäuscht. In einem Brief aus Leipzig vom 9. Oktober 1798 klagte er, der Adel, fremde Fürsten seien gar nicht erschienen. »so habe ich auch nur sehr wenig verkauft«. Immerhin konnte er, wenn er Bilanz zog, befriedigt feststellen, daß er nur noch für 800 Carolins Waren zu verkaufen hatte. Wo sollte er sich nun mit diesem Rest hinwenden, »um solchen zu versilbern?« Seine Reise ging ihrem Ende entgegen. Aber er fand keinen Ausweg. Die nach der Messe erhofften Gelegenheiten in Leipzig und Umgebung mißglückten, und Roentgen, der so oft über seine hypochondrische Neigung geschrieben hatte, war deprimiert. Seine alten Geschäftspartner und Mitarbeiter, darunter vor allem Kinzing in Neuwied, setzten Gerüchte in Umlauf und beschwerten sich bei der Gemeine. Roentgen beklagte ihr »boshaftes räsonieren und geschwätze«. Jedenfalls, so gut offenkundig das Verhältnis Roentgens zu Geschäftspartnern und Mitarbeitern früher gewesen war, jetzt wurde er überhäuft mit Klagen und Anklagen, mit Bitten um Unterstützung und Beschimpfungen, daß solche Unterstützung nicht reichlich genug floß: »Alles kommt von dem revolutions Geist, das schmerzhafteste für mich ist, das just nur diejenigen persohnen, welche ich, so lange meine Fabricke im flohr war, mit wohlthaten überhäuft habe und welche nächst Gott mir Ihr bestehen und Ihr erworbenes vermögen billig zu verdancken hätten, meine grösten feinde und verfolger geworden sind, Sie klagten alle mir ungestüm an meiner Haus-Thüre, erst seitdem meine Fabricke eingegangen ist. Es ist wohl beßer unrecht leiden, als unrecht Thun, aber durchs erste wird mein Beutel gefegt … und wohl gelehrt.«

Detail der Inneneinrichtung des Prunkschreibtisches von 1785 (vgl. S. 72/73).

So bat Roentgen mit vielen Klagen und bewegten Worten die Gemeine, seine althergebrachten freiwilligen finanziellen Beiträge zu reduzieren. Er fühlte sich krank, und er befand sich in einer Depression. Wie fern lag alles, was ihn vor zwanzig, vor zehn Jahren beschäftigt hatte: die höfische Gesellschaft, der Luxus, das Geld. Er hoffte ganz allein, »daß ich mein Höchst unangenehmes und mühsames Geschefte bald beendigen und wiederum gantz im Schoß der Gemeine seyn könte.« Vor Ärger und Verdruß war er »immer bekümmerlich«. Er betete zu Gott, daß dieser ihm seinen Segen erweisen und ihm noch im Jahr 1800 gestatten möge, den Verkauf seiner Waren gänzlich zu beendigen und wieder in Neuwied einzutreffen: »Wenn ich nun aber mit dem verkauf meiner waaren gantz fertig bin, so bleibt mir noch eine Schwere last auf meinem Rücken. und diese last ist, – Meine Häuser, viele unnöthige Mobilien, Fabricken, Maschinen, Werkzeuge und dergl. geräthschaften, welches alles ich nicht mehr gebrauche, ich habe jetzt eine gantz andere denckweise ...« Und nun fragte er den Bruder Schmutz, wie er es denn anfangen könne, seine Häuser zu verkaufen. Oder wie man die Häuser um einen billigen Preis verpachten könnte. Am liebsten allerdings wäre es ihm gewesen, er könnte alles losschlagen, um welchen Preis auch immer. Er wollte Abschied nehmen, sich zur Ruhe setzen, er war müde geworden und wollte Gott dienen.

Am Ende reiste er nach Sundhofen im Elsaß, wo seine Frau Grundbesitz geerbt hatte. Hier erinnerte er sich der Nöte und Sorgen der vergangenen fünf Jahre, als er an Bruder Schmutz in Neuwied schrieb:

»Du lieber Bruder wirst dich wohl Zu erinnern wissen, daß ich dir vor 5 Jahren aus Stuttgard geschrieben habe, daß ich ein A.B.C. Zu Absolviren hätte, und so lange umher reisen müste bis ich den letzten Buchstaben daß Z. Absolvirt hätte, dieses war eine sauere Arbeit für mich, welche mir manchen Angst-Schweiß und kumer verursacht hat, ich habe mich aber aus Gnaden imer mit Gebeth zum Heylande wenden können, und Er hat Seinen Seegen Zu meinen gescheften gegeben, und über alle erwartung Gnädig durchgeholfen, daß gantze A.B.C. ist durch Gnädige hülfe meines Treuen Herrn Absolvirt, und jetzt bin ich hier um daß Z Zu absolviren, und damit meine geschefte Zu beendigen, wozu der liebe Heyland aus Gnaden Seinen Seegen verleyen wolle, und dann kommen wir so der Herre will mit freuden nach Neuwied und überlaßen uns der führung und leitung Gottes unseres Heylandes.« Was seit 1789 geschah, war eine traurige Geschichte. Roentgen selbst betrachtete sie als eine einzige Anstrengung, das geschäftliche Desaster zu vermeiden, wie auch als Pilgerschaft zum geistlichen Frieden. Er verlor nicht seinen sicheren Geschäftsgeist: er setzte illustrierte Anzeigen in elegante Journale, er besuchte die Leipziger Herbstmesse, er nutzte alle fürstliche Patronage, die er im vergangenen Vierteljahrhundert gewonnen hatte. Wenn er in seinen Briefen nach Neuwied über seine bedrängten Umstände klagt, so sollte man dies nicht zum Nennwert nehmen. Er war ein reicher Mann, ein »Rentier«, der von den Zinsen seines Vermögens leben konnte, und er wußte, daß viele dies wußten. So mußte er Ansprüchen an seine Mildtätigkeit wie an sein Vermögen wehren, die die Stadt Neuwied und die Brüdergemeine an ihn stellten. Er wollte gerne geben, aber er wollte nicht ausgepreßt werden. Es fehlte ihm an Bargeld. Aber er besaß weiterhin viel Eigentum und hatte regelmäßiges Einkommen aus Zinszahlungen, die seine Kunden für alte Käufe und die Gemeine ihm für alte Anleihen machte.

Als er 1801 zurückkam nach Neuwied, da, so scheint es, fand er den geistlichen Frieden, den er so lange gesucht hatte. Seine früheren Verdienste ebenso wie seine gegenwärtigen Umstände wurden von der fürstlichen Regierung anerkannt, und man gewährte ihm Steuerfreiheit für sein Haus. Eine der großen unternehmerischen Erfolgsgeschichten des 18. Jahrhunderts ging zu Ende: nicht in Triumphen, aber auch nicht in Dissonanzen. Wenn David Roentgen zurückschaute – das können wir seinen Briefen von der langen Reise entnehmen –, so tat er es ohne Bitternis.

Literatur

Dietrich Fabian, Kinzing und Roentgen, Uhren aus Neuwied, Internationale Akademie für Kulturwissenschaften e.V., Bad Neustadt a.d. Saale 1983

Josef Maria Greber, Abraham und David Roentgen. Möbel für Europa, Bd. 1, Starnberg 1980

Georg Himmelheber, Die Kunst des deutschen Möbels, Bd. III: Klassizismus/Historismus/Jugendstil, München 1973

Hans Huth, Abraham und David Roentgen und ihre Neuwieder Möbelwerkstatt, (Deutscher Verein für Kunstwissenschaft 1928), Berlin 1928, 2. Aufl. München 1974

Hans Huth, Möbel von David Roentgen, Darmstadt 1955

Michael Stürmer, Handwerk und höfische Kultur. Europäische Möbelkunst im 18. Jahrhundert, München 1981

Michael Stürmer, Scherben des Glücks. Klassizismus und Revolution, Berlin 1987

Über den Autor

Michael Stürmer, Dr. phil.; geb. 1938, humanistische Schulbildung; Studium der Geschichte und Sozialwissenschaften in Berlin, London und Marburg. 1965 Promotion, 1971 Habilitation. 1973 ord. Professor für Mittlere und Neuere Geschichte an der Friedrich-Alexander-Universität Erlangen-Nürnberg. 1988 Direktor des Forschungsinstituts für Internationale Politik und Sicherheit (»Stiftung Wissenschaft und Politik«) in Ebenhausen.

Bildnachweis

Archiv der Brüder-Unität, Herrnhut – Aufnahmen von Petra Kästner, Dresden: Seite 17, 20, 21, 24, 25
Badisches Landesmuseum, Karlsruhe: Seite 72/73
Ralf Heidenreich, Offenbach: Seite 54
Kreismuseum Neuwied: Seite 6, 13
Kunstsammlungen der Veste Coburg: Seite 68
Landesbildstelle Rheinland-Pfalz, Koblenz: Seite 26
Österreichisches Museum für angewandte Kunst, Wien: Titel, Seite 45
Jan Scheffner, München: Seite 16, 60, 61
Schloß Wörlitz – Aufnahmen von Peter Kühn, Dessau: Innentitel, Seite 38, 39, 50
Stiftung Weimarer Klassik: Seite 10, 36
Verwaltung der Staatlichen Gärten und Schlösser Hessen, Bad Homburg – Aufnahmen von Dieter Schwerdtle, Kassel: Seite 65, 66, 67

Alle anderen Abbildungen stammen aus dem privaten Bildarchiv des Autors.

Gestaltung und Herstellung
in Zusammenarbeit mit
Rudolf Paulus Gorbach, Buchendorf